U0003788

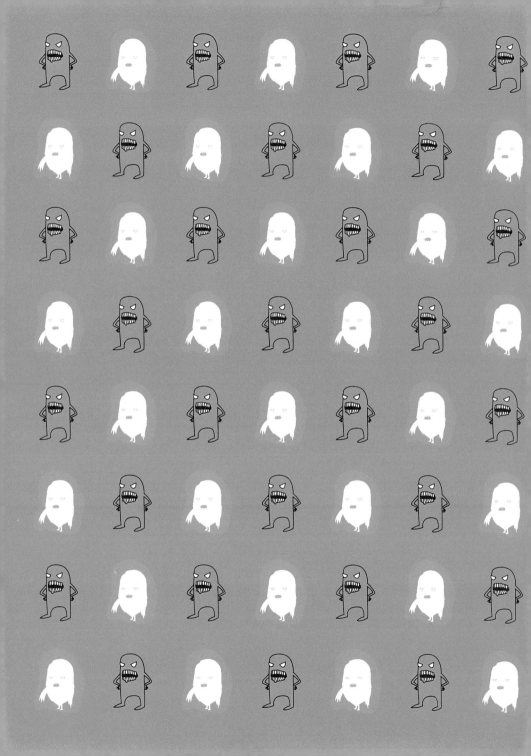

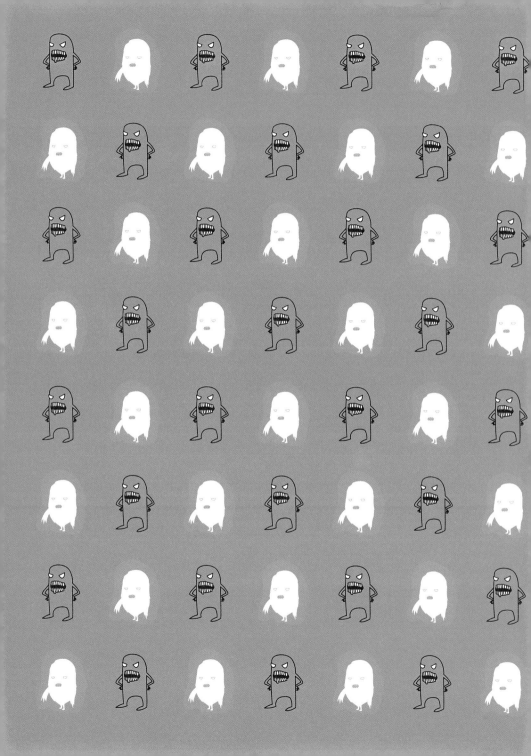

Smile, please

smile 196
我還行，只是偶爾情緒太嘮叨：
如何在情緒越想越不對勁時，讓自己有辦法對應
作者：莉茲・佛斯蓮（Liz Fosslien）、莫莉・威斯特・杜菲（Mollie West Duffy）
譯者：史碩怡
責任編輯：張晁銘
封面設計：簡廷昇
排版：陳政佑
出版者：大塊文化出版股份有限公司
105022 松山區南京東路四段 25 號 11 樓
www.locuspublishing.com
讀者服務專線：0800-006689
TEL：(02)87123898　FAX：(02)87123897
郵撥帳號：18955675　戶名：大塊文化出版股份有限公司
法律顧問：董安丹律師、顧慕堯律師
版權所有　翻印必究

總經銷：大和書報圖書股份有限公司
地址：新北市新莊區五工五路 2 號
TEL：(02) 89902588　FAX：(02) 22901658
初版一刷：2023 年 7 月

定價：新台幣 450 元
Printed in Taiwan

BIG FEELINGS

HOW TO BE OKAY WHEN THINGS ARENOT OKAY

我還行，只是偶爾情緒太嘮叨

如何在情緒越想越不對勁時，

讓自己有辦法對應

作者　莉茲‧佛斯蓮 LIZ FOSSLIEN

莫莉‧威斯特‧杜菲 MOLLIE WEST DUFF

譯者　史碩怡

本書謹獻給和我們分享這些棘手情緒的讀者

目次

前言

這本書差點就要難產了。

我們最初是在二〇二〇年一月提出此書的構想。我們的第一本書《我工作，我沒有不開心》（*No Hard Feelings*）早在二〇一九年二月就出版了，但接下來的幾個月，我們發現彼此在職涯和人生中都遇到了許多令人痛不欲生的情緒。

莉茲的公公與不斷復發的癌症奮戰了十年，最終還是舉白旗投降了；她自己在公司則是剛調到壓力爆表的新職位。莫莉搬家橫跨了整個美國，感到孤立無援，團隊中只有她是遠端工作（此時 COVID-19 疫情尚未爆發）。我們兩人的健康都出了問題：莉茲的手腕和脖子痛到不行，擔心自己可能必須放棄極度仰賴電腦的事業；而莫莉飽受慢性疼痛之苦，長期處於嚴重憂鬱之中，有時甚至出現了自殺的念頭。

話說回來，我們有什麼資格憂鬱或焦慮呢？有健康保險、共同出版了一本暢銷書、各自有穩定的關係，已經是人生勝利組了。所以我們拼了命振作起來，憑藉著六年來鑽研情緒及其如何影響我們生活的經驗，各自努力地一再調適。

但我們還是覺得快被這些情緒擊潰了，有時甚至愈是賣力愈適得其反。莉茲的焦慮在禁用電子產品的星期六攀至頂峰，滿腦子想的都是那些可能錯過的重要信件，以及收信時信箱會有多爆

炸。至於莫莉也沒好到哪去，每每讀到自己在日記中記錄的慢性疼痛病況，就陷入更深的絕望。

想也知道不是只有我們在苦苦掙扎，因此我們想找出對其他人也有效的方法，於是乎才有了寫這本書的靈感，希望能和大家

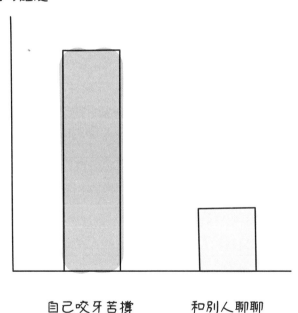

問題的難度

自己咬牙苦撐　　　和別人聊聊

分享如何處理這些強烈且棘手的感受。

第一次跟出版社聊這個構想時，對方不太買單。編輯問說：「目標讀者是誰？會有人想談論自己的痛苦情緒嗎？」但緊接著

COVID-19 疫情爆發，顯然許多人都不遺餘力地想解決這些棘手情緒，大家不僅苦苦追尋解方，也在尋求認同。二○二○年六月，編輯打給我們說：「還記得你們提的那個構想嗎？一本以強烈情緒為主題的書？忘了我們之前說的話，放手去做吧。」

儘管疫情不斷蔓延，我們仍繼續做著本來就在做的事：帶領主題為「職場情緒」企業工作坊（只是改成線上進行）。我們發現學員開始提出不一樣的問題：他們不再想知道和經理進行一對一面談時要如何好好表現，反而想知道生活天翻地覆時該如何是好。一位女士在課程結束後寄了封電子郵件給我：「上周我團隊中有一半的人被裁掉了，我心中充滿強烈的倖存者內疚，與此同時還要完成三人份的工作。每天一早醒來就覺得累斃了，該怎麼做才能讓自己感覺好些？」

大家都很徬徨失措，替自己、也替心愛的人感到憂心。人們都在問有沒有什麼辦法，可以幫助他們應對那些摻雜著失去、憤怒和過勞的混亂情緒，因為實在太過痛苦又難以排解了。這些強烈情緒將我們的日常生活攪得亂七八糟，真心需要有人給點實用的建議。每個人突然都開始談論起這些在家中或職場上遇到的艱難感受（因為疫情關係，許多人的住家也成了辦公室）。

過去幾十年裡，對這些艱難感受引以為恥、守口如瓶的狀況已經有所減少，但這些感受在當代文化中還是背負著難以洗刷的汙名。棘手情緒無法強行抹除，就算我們是出於善意想趕走這些

念頭，但它們還是無所不在。要達到「我沒事」的境界，最重要的一步是學會和這些情緒共處，千萬不要一心想著擺脫它們；另一步則是勇敢說出口，默不作聲只會讓情況更糟。

老實說，寫這本書是為了說服自己一切都會沒事的。我們希望透過開誠布公地討論自身的痛苦掙扎，帶來拋磚引玉的效果，或許大家都能汲取他人經驗、從中學到幾招。我們想跟各位說你不孤單，也想協助大家調適這些棘手情緒。當然啦，我們也希望處理這些不適情緒的過程，就像多讀幾遍自我肯定清單或找時間和朋友散步一樣輕鬆愉快，那這就會是本簡單好讀的書了。實際狀況是各種糾結與混亂，我們在寫書的過程中還哭過好幾回。不過別擔心，深呼吸，一起踏上旅程吧。

ele

本書要談的是「棘手情緒」，包括不確定性、比較、憤怒、過勞、完美主義、絕望、後悔。這七種情緒經常出現在我們和他人的對話當中，而且是現代社會中特別不容忽視的問題。我們也會談及悲傷和羞恥這兩種情緒，但不會深入討論，因為市場上已有許多這類主題的優良讀物了（「羞恥和罪惡感相關資源」請見 p.309，「悲慟相關資源」請見 p.311。）

我們採訪了許多心理學家、治療師和學者，試著了解如何面對棘手情緒。此外，也邀請了數百位第一本書的讀者或社群媒體

上的粉絲和我們聊聊，結果出人意表，回應如雪片般飛來，而且橫跨形形色色的人口族群，不論文化背景、種族、性別、性取向等，大家都用自己的話訴說了相同的故事：在當代文化下，棘手情緒時不時都會找上門，而當自己親身經歷時，經常覺得深陷其中、羞於啟齒且孤立無援。我們從沒學著承認這些不愉快的情緒，更別提好好地了解與駕馭它們了。

你看到的人們

你看不到的情緒

慢性憂鬱　　失去　　過往傷痛　　　焦慮　　　恐懼

在開始深入了解每種棘手情緒前，我們想先破除與這些情緒有關的三個常見有毒迷思。

迷思一：棘手情緒是「負面」的。我們從小接收到的訊息就是多愁善感是不好的。二〇二一年春季，在為本書做研究時，我們邀請了讀者填寫與情緒經驗相關的問卷調查，共獲得超過一千五百份回應，其中百分之九十七的人都表示，自己曾聽過別人以「不好」或「負面」來形容這些棘手情緒。

雖然棘手情緒會帶來不適感，有時甚至讓人難以承受，但不代表其本質是負面或正面的。只要我們花時間去認識它們，像是憤怒或後悔這類棘手情緒甚至可以成為助力。憤怒可以促使我們為重要的事發聲，後悔則讓我們更有見地，知曉如何打造更有意義的人生。

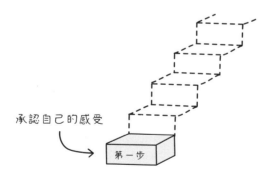

如果能用不同的觀點去思考棘手情緒，其破壞力就會削弱許多。研究顯示，只要承認並接受在艱難時刻面臨的這些情緒，我

們當下的感受就會有所好轉。如同《華盛頓郵報》的標題:「因為有不好感受而感受不好會讓人感到超級不好受。」[1]

迷思二:只要夠堅強就能想辦法擺脫這些難解情緒。「多想正面的事!」、「開心點!」這些幹話你聽過多少次了。「不斷強調個人努力,以及否定生活處境會影響快樂的概念,就像是意識型態的新自由主義在作祟。」記者露絲‧惠普曼在她的著作《為什麼我們拚命追求幸福,卻依然不快樂》(*America the Anxious*)中如此寫道。[2]「或許因為學術界正向心理學運動的主要資助者為極度保守派,想通了,也就不用為以上扭曲的詮釋大驚小怪了。」

換個角度思考不代表感受會跟著轉變。世人皆苦,只要活到一定歲數,就會面臨摯愛離世,也會經歷肉體上的疼痛,還必須忍受各種無比艱鉅的難關。在這些情況下,你可能會有些崩潰,或是必須離開不健康的環境,甚至需要尋求專業協助,這都沒關係的。

除此之外,在討論這些棘手情緒時,絕對不能否認結構性問題的影響力。如果工作環境充滿性別歧視或種族歧視,員工的心理健康勢必深受其害。如果老闆常態性要求你做得更多,而你又不能說不幹就不幹,那麼你就更可能做到死。賓州大學心理學家詹姆士‧柯恩博士(Dr. James Coyne)更是直言不諱:「正向心理學是給有錢白人看的東西。」[3]

迷思三:只有你深受棘手情緒所苦。我們在二○二一年做的

問卷調查中發現，百分之九十九的人皆表示他們在過去一個月曾深受棘手情緒所苦，其中最常見的情緒是不確定性、過勞與完美主義，而導火線包括「工作交期太短且工作量太大」、「在 Glassdoor 網站上看到其他人的薪資」、「做不停」以及「其他人只會靠我」。

如果把所有感受都藏在心裡，非但只能默默承受痛苦，還會錯失和他人建立關係、獲得支持的機會。令人欣慰的是，我們（莉茲和莫莉）發現風向開始有在轉變：過去幾年來，諸如饒舌歌手壞痞兔（Bad Bunny）和網球選手大坂直美（Naomi Osaka）等名人，都曾公開討論自己對抗焦慮和憂鬱的心路歷程，而職業社交網站領英（LinkedIn）和交友軟體「Bumble」等公司，甚至做到給所有員工有薪假，旨在防範過勞問題。自二〇二〇年開始，疫情促使大家更加關注心理健康等議題，鼓勵大家繼續保持下去。

ele

讀到這裡，希望我們已說服各位有棘手感受也沒關係。我們才不會說什麼「擺好姿勢，深呼吸四次，一切問題都會迎刃而解」

這種鬼話，根本把人當笨蛋。反之，我們將詳細解說整套策略，協助各位在水深火熱之時，再次拿回主導權並找到希望。

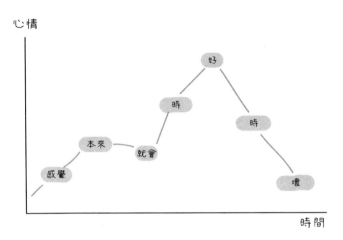

我們將棘手情緒分成七大類，雖然它們經常揪團造訪，但知道個別擊破的方式才能有效處理。只要熟悉這些策略，當情緒如潮水般襲來時，就可以從情緒工具箱中精準找出最順手的工具。心理學家稱之為「情緒粒度」（emotional granularity），也就是可以準確說出自身感受的能力，這也是因應棘手情緒的第一步驟。大量研究證實，單單是有能力詳實描述當下感受，便足以增進身心健康與生活滿意度。

我們拍胸脯保證，本書將達成下列目標：

- **仔細檢視當代社會的七大棘手情緒**：不確定性、比

較、憤怒、過勞、完美主義、絕望感、後悔。

- **提供有助於各位靜心觀照情緒的工具**，讓你可以從中
  學習，然後展開療癒之旅。
- **拋開想找出萬能解方的想法。** 反之，我們會提供你各
  式各樣的建議，由你做主選擇最適合的做法。
- **如實呈現自身經歷和各方朋友與我們分享的故事**，讓
  你知道棘手情緒誰都會有。
- **絕不低估社會結構因素的影響力。**
- **帶各位認識這些情緒背後的目的**，以及如何有效和人
  溝通自身感受。
- **給予各位支持他人的力量**，在重要他人經歷棘手情緒
  時助其一臂之力。

　　本書旨在提供可應用於各種情境的工具，不會花太多篇幅去評斷社會角色與身分認同對情緒帶來的影響。雖然我們（莉茲和莫莉）有著不同的情緒與感受傾向，但同樣身為三十歲初頭的白人女性，看事情的角度一定會有盲點。為顯平衡公道，除了自身經驗，我們也會分享許多讀者的故事，盡可能呈現出各式各樣的經歷，證明棘手情緒的構成要素遠比我們最初認為的還要常見。

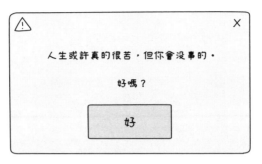

　　願書裡的小祕訣和故事能讓各位會心一笑，並在棘手感受湧上心頭時終結孤單。心理學家塔爾‧班夏哈（Tal Ben-Shahar）曾寫道：「只有二種人不會感到焦慮、失望、悲傷、嫉妒等痛苦情緒：精神病態者和死人。」[4]

第一章

不確定性

一切順利，挺好的。
諸事不順，還是挺好的。

傑瑞·科隆納 (Jerry Colonna)，
《讓你的脆弱，成就你的強大》(*Reboot*) 作者

莉茲：頭痛初次來襲時，就像有人拿電鑽在鑽我的腦袋一樣。我眼冒金星、步履蹣跚地往廁所走去，一路上頻頻做嘔。

一周後，第二波的頭痛直接把我送進了急診室。經過一連串密集的抽血和各種掃描後，醫師排除了一堆可能危及性命的病症，包括肺栓塞、腦動脈瘤、腫瘤，最後判定我是醫學之謎。

尋找確切診斷的過程太折磨人了。「別擔心，到真的出事了再擔心。」一位同事這樣對我說，但我還是忍不住滿心忐忑。我一直在兩個極端之間擺盪，不是想像最悲慘的結果，就是笑自己小劇場太多。我要死了嗎？還是一點毛病也沒有？

就這樣過了好幾個月，來回奔波在神經科醫師、耳鼻喉科醫師以及眼科醫師之間。一位神經科醫師在我的頭部、肩部和背部打了三十六針肉毒桿菌，讓神經傳導物質無法將疼痛訊號傳至大腦。一位眼科醫師認為是眼睛四周的肌肉發炎，所以開了口服類固醇處方給我，結果導致我的血壓飆高、雙頰潮紅。

接下來一位內科醫師認為是非典型偏頭痛，開了高劑量的妥泰（Topamax）給我，這是一種抗癲癇藥物。服藥之後，雖然頭骨上砰砰作響的疼痛感終於停了下來，但隨之而來的副作用卻讓我感覺糟透了，各種情緒鋪天蓋地而來。某天下午我才剛踏進芝加哥地鐵的車廂，恐慌症就突然發作，嚴重程度此生未見。我緊抓著頭上的吊環握把，忍耐到車門再次打開，幾乎是用爬的才站上商品市場中心站（Merchandise Mart）的月台，然後逼自己一

步一步地前進，最後終於回到自家公寓。接下一整天我都躺在床上，一方面還在驚嚇當中，一方面又覺得自己好丟臉。

隔天一早，我把藥瓶裡的藥全倒進馬桶裡，決心再也不要服用妥泰了。

但我不知道的是，直接停用處方藥物可能會有生命危險。

隔天下午四點，心臟開始亂亂跳。我使盡吃奶的力氣走到公寓大廳，然後就失去意識了。清醒過來時，我發現自己已被綁在救護車的擔架上，護理師的臉在我面前晃來晃去，一邊對我說爸媽已經在路上了。

「我會死掉嗎？」我後頸一陣刺痛，內心充滿恐懼，突然眼前又一片黑暗。

護理師看著旁邊顯示器上起伏不定的數值，只說：「我也不知道。」

「我不能在媽媽來之前死掉。」我試圖想跟她這麼說，無奈嘴巴卻不聽使喚，然後又暈了過去。

ele

「這是個充滿不確定性的動盪時期，極端程度前所未見」，哥倫比亞大學歷史學家亞當・圖澤（Adam Tooze）在二〇二〇年四月如此說道。[1]同年十月，《紐約時報》曾出現這樣的標題：「凌

晨三點難以入眠嗎？我們也是。」（*AWAKE AT 3 A.M.? WE ARE TOO.*）[2] 而最受歡迎的《哈佛商業評論》在該年也發表了數篇文章，探討在風雨飄搖的時期該如何繼續前行，以及哀悼未來不再安穩無虞。

身為千禧世代（或是《大西洋》[3] 雜誌（*The Atlantic*）所稱的「新失落一代」），我們（莉茲和莫莉）經歷過三次重大的經濟衰退、因全球疫情與加州破壞力驚人的野火季節而居家隔離了超過一年，並認為 401(k) 退休金計畫*中的雇主出資提撥比例（更別提退休金本身了）根本是骨灰級的制度。我們認為自己已經算幸運的一群了，但面對不確定性仍難以承受。

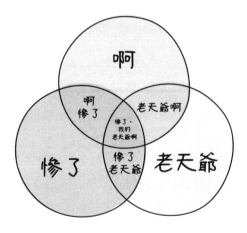

　　專門研究壓力的心理學家歸納出讓人感覺極差的三大因子：缺乏控制感、無法預期性以及認定未來只會每況愈下。[4]換句話說就是「不確定性」。

　　我們將在本章拆解「不確定性」一詞的意涵與深藏其中的情緒：焦慮。[5]開始之前，我們想先明確定義下列詞彙：

- **焦慮**是因為不確定結果會如何而產生心神不寧的感受，並不少見。當我們無從得知強力的外在影響會對生活帶來何種干預時，就會感到焦慮。
- **恐懼**是因為我們相信某件事一定會發生（例如在重要簡報會議上發言時口齒不清，或是面對深愛之人命在旦夕）。

　　針對不確定感與隨之而來的焦慮感，我們會先從常見的三大迷思開始下手，接著再提供幾個訣竅，讓你即便在感覺自己的世界分崩離析時，也能想辦法站穩腳步。

＊譯注：401(k) 是美國政府鼓勵人民為退休做準備，於一九八一年創立的一種延後課稅退休金帳戶，由雇主申請設立後，雇員在不超過上限額度範圍內，每月提撥某一數額薪水 (薪資的一％至十五％) 至其退休金帳戶，並由雇主挑選合作的金融業者，發行投資計畫。

不確定感的迷思

迷思一：凡事皆可掌握

疫情剛爆發的那幾周，我們都躲在家裡，當時覺得這時代的不確定性已到了史無前例的程度。（不只我們這麼覺得，二〇二〇年三月在 Google 上使用「史無前例」一詞進行搜尋的頻率也大幅攀升。[6]）但人們在古巴飛彈危機、第一次世界大戰，甚至是黑死病等時期所經歷的不確定性，其實也不遑多讓，甚至可能還更加劇烈。

人生可能在彈指間產生翻天覆地的變化。莉茲有個熱愛混合健身、滴酒不沾的朋友，在三十三歲時突然腳踝劇痛，三周後被診斷出骨癌，一周後右腿便截肢了。或是拿莉茲本人為例，被工作榨乾的某天，她決定回家路上去當地的柏克萊碗公超市（Berke-ley Bowl）買些什麼犒賞自己，逛農產品區時巧遇了一位朋友的朋友，他們只在多年前見過一面。那位男士邀她改天出來喝咖啡，五年後他們結婚了。

我們通常過於相信自己可以預測未來。行為學家已證實，由於我們對渴望發生的事過度樂觀，因此即便注意到當下的變化，仍會選擇性忽略長期轉變；不僅如此，我們會比較看重符合自身既有信念的新資訊。如果你非常想去巴黎旅行，看到機票價格下降就會認定是天意，但對於住宿費用突然變貴一事卻視若無睹。

「專家」預測（例如經濟學家和氣象學家）的的輝煌歷史實在令人不敢苟同，導致有人甚至主張，這些專家因為太過專精於某個領域，所以在預測未來時反而比不上熟悉多個領域的通才。[7]

　　佛教的古老教義中便有這項根本課題。比丘尼佩瑪·丘卓導師（Pema Chödrön）曾寫道：「我們總希望凡事都能平安，而且在預料之中；我們總想活得舒適而安全。但人生的真相卻是：我們永遠無法躲避無常變易。 這份未知的感覺，本是這趟冒險之旅的一部分。 」[8]而這也是引發我們焦慮的主因。

迷思二：焦慮準確反映風險

　　我們感覺可能會發生的事，往往與實際可能發生的機率不成正比。在一項實驗中，研究人員告訴其中一組實驗參與者，他們有百分之九十九的機率會受到一次疼痛（但安全）的電擊，對另一組則說機率是百分之一。[9] 結果出人意表，二組人馬為了不要被電擊，願意付出的金額居然相差無幾。也就是說，受傷的可能性高低並不影響大家對受傷的擔憂程度，以及為了改變處境而採取的可能行動。

　　不確定性愈高，感受就會愈糟。如果不知道某個決策的風險程度，大腦中處理情緒的區域就會突然變得異常活躍。[10]研究甚至證實，我們寧願百分百確知壞事即將發生，也不想面對前途未卜的情況。[11]科學家發現，相較於百分之九十的那組，知道自己

27

有一半機率會受到電擊的實驗參與者，他們擔憂程度高出三倍。[12]（不過我們可以肯定，這些研究不確定性的科學家很愛電擊。）

　　如果我們知道即將發生的壞事是什麼，就能預做準備，但如果一無所知，就會陷入惡性循環。讀者卡門告訴我們：「我早就知道自己必須辭職，但想清楚下一步該怎麼走實在太令人焦慮了，所以整整四年，我為了逃避不確定性，寧願選擇讓自己過得不快樂。」

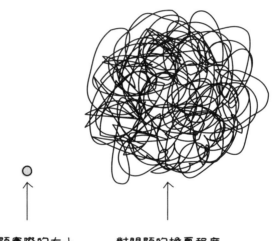

問題實際的大小　　　對問題的擔憂程度

　　面對不確定性時難免心煩意亂，但情緒反應可能與現實情況相差甚遠。一無所知的感覺的確超差，但對自己說：「雖然我對未來憂心忡忡，但不代表日後一定會出事。」或許會有所幫助。讀者瑪西在婚禮前經常失眠，她告訴我們：「我不擅長面對改變，每

次在重大活動的前幾天都很緊張。」但在過了二十五年幸福美滿的婚姻生活後，瑪西恍然大悟：「失眠不是因為我對結婚這件事有所遲疑。」

迷思三：提高抗壓韌性準沒錯

過去這幾年，「抗壓韌性」一詞無所不在，說得好像是無所不能的解藥。有害的環境讓你過得很痛苦嗎？提高抗壓韌性準沒錯。全球疫情爆發期間，你蠟燭兩頭燒，不僅要陪小孩在家自學，每周還要工作五十小時嗎？試試抗壓韌性吧。

「抗壓韌性」確實有用，使人能夠禁得起困境磨練，並在遭遇重大挫折時有能力重振旗鼓。但討論這項特質時，大家常常忽略了大環境的結構問題，反而不斷鼓勵個體咬緊牙關、承擔起一路

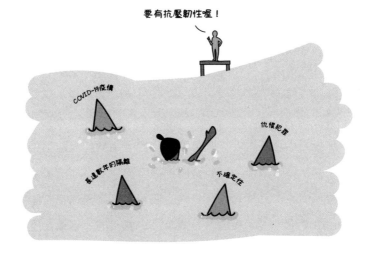

要有抗壓韌性喔！

COVID-19疫情

仇恨犯罪

來自歷年的隔離

不確定性

上的險阻。作家芭芭拉·艾倫瑞克（Barbara Ehrenreich）曾在〈笑一個！你得到癌症囉〉（*Smile! You've Got Cancer*）這篇文章中寫道：「大家已經把正向思考或正向態度推崇為一切問題和阻礙的解方。」[13]

當你苦不堪言時，如果親朋好友或點頭之交叫你看向光明面，你可能只會有些沮喪不滿；但如果整個制度或社會高舉著抗壓韌性的大旗，完全忽略整個體制有責任去照顧民眾的心理健康，你可能就會怒氣沖天了。二〇二〇年與前一年相比，處於對經濟、家庭和健康問題的擔憂之中，人們因工作變動而感到難以負荷的風險倍增。[14]同年，近百分之七十五的員工表示至少有一次的過勞經驗。[15]雖然過勞是極為普遍的現象，但對職業婦女來說無疑是雪上加霜：在疫情期間，有近三百萬名女性退出勞動力市場。[16]專門研究女性心理健康的精神科醫師普賈·拉克什明（Pooja Lakshmin）曾撰文討論其患者在疫情期間感受到的痛苦掙扎，其中一名患者曾對她說：「職業婦女的心理健康因疫情付出了如此慘重的代價，某種程度上可以說是社會體制背叛了我們。」[17]

其實我們也是抗壓韌性的擁護者，但不至於將問題都推到個人身上，也不認為領袖人物與整個社會體制沒有責任去做出結構上的改進。在要求所有人都有強健心靈前，應該先教會大家照顧自己的心理健康，才能避免兩者間出現巨大鴻溝。本章接下來的

內容將一一介紹不同的思維和策略，讓你可以遊刃有餘地面對不確定性。醜話說在前頭，雖然導致不確定性和焦慮的原由通常錯不在你，但要如何應對卻操之在己。然而，我們的目標並非幫你想辦法在有害環境中找出活路，而是要協助你取得對你而言最好的結果，方法包括重新架構思維模式以降低焦慮感，或是直接脫離不健康的處境。

ℓℓ

> 　　**莉茲**：顯然我沒在救護車上掛掉，而且在醫院待了一天就出院了，然後又回到對病況一無所知的狀態。
>
> 　　經過上次搭地鐵恐慌發作的經驗，我拒絕再服用任何可能造成情緒波動的藥物，就算偏頭痛又開始找上門來也不管。我接下來幾個月的人生都繞著疼痛打轉。每天一早醒來，我會先檢視全身狀態，那個感覺是正常的輕微抽筋嗎？還是什麼更加邪惡的東西發出的可怕呢喃？我雖然有正常上班，但一下班就衝回家，躲進安靜昏暗的公寓中。一封封關心的電子郵件和訊息不斷傳來，但我覺得太過丟臉，無法做出任何回覆。我要怎麼解釋自己發生了什麼事？畢竟從外表看來我再正常不過了。
>
> 　　幾個月後，我在生日當天情緒到了極限，到下午三點都還沒辦法離開床。我媽開始每小時打電話給我，語氣中的擔憂益發明

顯。連我自己都擔心得不得了，過去從未如此低潮過，難道接下來的人生都要這樣度過了嗎？下班後只能回家拉上百葉窗、躲進棉被裡？那也太淒涼絕望了吧。

現在回頭看，那天一定是某種求生本能發揮了作用，有股非常強烈的憤怒油然而生，促使我從床上坐了起來。太不公平了，我他媽的受夠了。我想要好好抱抱我媽、塗指甲油、和朋友出去晚餐，還有吞下油膩膩的起司漢堡。我想要奪回人生的些許主導權。

接下來的五個星期，我一絲不苟地記錄下所有行程、心情和偏頭痛發作的情況，以便找出任何關聯。我瀏覽了「網路醫生」（WebMD）網站和各大偏頭痛相關留言板，找尋非藥物治療的選項。根據搜尋到的資訊，我戒了酒和巧克力，像吸血鬼一樣避開陽光，然後準時晚上九點上床睡覺，確保充足的夜間睡眠。每星期二、四報名了針灸療程，然後每天去家裡附近的健身房適度運動三十分鐘。

我下定決心要連續六個月嚴格執行每日行程，看看是否會有成效。屆時如果偏頭痛的情況絲毫不見改善，才會重新考慮服藥或尋求其他更為密集的治療選項。

正因如此，我必須選擇不去商學院進修。當時我已收到史丹佛大學的錄取通知，但在那要能發光發熱的生活模式，跟我要照顧好自己的目標完全背道而馳。

此外，我也做好了預防措施，以便快被焦慮淹沒時派上用場。我做了一張「大腦棉花糖」清單，其中包括推特上的迷因圖、Reddit 的 r/aww 討論版上的可愛動物圖片，以及卡戴珊家族的相關新聞。每當我陷入情緒漩渦太久，就會趕快拿出手機，狂嗑一些大腦棉花糖。我開始恢復和朋友見面，但基本上只約有冷氣的地方吃午餐，絕對不會約晚上八點、在潮濕炎熱的戶外晚餐。

我離「痊癒」還遠得的很。躺在沙灘上曬幾個小時的太陽，然後不用承擔任何後果，已經是不用想的事了。我的非典型偏頭痛每隔幾個月還是會發作一次，但我已經可以與之和平共處並繼續好好生活了，也不再讓自己被對未來的憂慮消耗殆盡。我會好好照顧自己，活在當下、一步一腳印地前進。

應對辦法

作家蕾貝嘉‧索尼特（Rebecca Solnit）曾寫道：「精通未知是門藝術。如此一來，就算身處於其中，亦不會感到驚慌或痛苦。」[18] 能夠日漸適應不確定性的人，大多是依靠固定程序來度過混亂時期。固定程序基本上有二個主要目標：降低預期中的風險，以及相信自己有能力應對任何不確定性。這個做法需要反覆練習，但只要持之以恆，就能建立自信，慢慢不再覺得不確定性如此難以招架。

　　當我們面前聳立著一道不確定性和焦慮築起的高牆，沒有任何神奇密語可以讓它瞬間崩塌。如想攀越這道高牆，你需要的是「一連串可控制的立足點，每個立足點雖小，卻皆能提供穩固的支持力量。」史丹佛大學神經學家羅伯・薩波斯基（ROBERT SAPOLSKY）如是說。[19]以下為大家提供幾個可靠的立足點。

1. 靜心覺察不確定感

　　克服不確定感的第一步是抵抗自己想逃離不適的本能衝動。讀者艾莉莎告訴我們，她以前都會透過心理學家所稱的「心煩找事做」來逃避不適感。只要稍微感到焦慮，她會馬上跳起來進入行動模式，為自己設定各種小目標，像是寄封信、吸客廳地板，做到沒事做時就加入群組訊息的討論串，然後忙著完成各種交辦事項。一一完成待辦清單中的任務讓她感覺良好，但與此同時，也代表艾莉莎其實沒有試著找出焦慮背後真正的原因，所以即使看似做了許多事，卻還是不會感到心安。

　　其實「心煩找事做」的核心動機就是試著取得主控權和進展。不一定會以目標設定的方式展現：疫情之初，莉茲生平第一次開始研究自己的星盤，而莫莉則是一股腦地埋進歷史書中，試圖了解我們的社會怎麼會走到如此動盪不安的境地。我們也不能說這種應對機制不好，但即便是最為無害的轉移注意大法，還是會讓你忘了思考什麼才是真正重要的事。莉茲花了整整一小時的時間，發現

射手座的新月*即將到來，但還是無法對未來更有安全感。

與其把忙碌當成抵擋焦慮的堡壘，不如停下手上動作，承認焦慮的存在並靜下心來面對。我們甚至鼓勵你帶著敬意看待焦慮，因為它的存在是為了

心煩找事做

因為逃避問題
而開始感到焦慮

因為感到焦慮
而開始逃避問題

保護你不受傷害。心理學教授凱特·斯威尼（Kate Sweeny）解釋到：「如果你對不確定性毫無戒心，就不會想辦法解決問題，便可能導致更多壞事發生。」[20]

作家莎拉·威爾森（Sarah Wilson）有個習慣，她會寫一封「難怪」信致焦慮。「信的開頭我會寫，親愛的焦慮，你這個小淘氣……接下來我會承認它想做的事、為什麼會這樣想……並確認它這麼激動的原因是什麼。難怪你會大發脾氣，我為了一項工作成果又把你晾在一旁三天。而且你一定覺得每天都一成不變，搞不清楚自己存在的意義。」[21]

如果面對不確定性時你焦慮到無以復加，根本無法靜心思

＊譯注：占星學認為月亮繞行周期經過星座時，會啟動相應的能量，此時許願能夠心想事成。

考，請謹記這點：引發生理反應的強烈情緒通常只會持續九十秒。[22] 我們都知道，恐慌發作的高峰期，你會產生必須做些什麼（任何事都好）的強烈衝動。我們能給的最好建議就是強迫自己不要動作，並坐下來對自己說：「一切都會過去的。」然後數到九十，如果辦不到也可以數到五就好。只要成功過一次，下次就會更加熟練。就像鍛練肌肉一樣，你要習慣停下來什麼也不做，並提醒自己如果一直屈服於本能衝動，將永遠困在心情不好的輪迴之中。你必須中斷這個輪迴，才能做出改變。

還有其他方法可以助你靜下心來與不適相處，包括冥想導引（如需我們「喜愛的冥想導引清單」，請見 p.305）、寫日記＊、尋求諮商以及和朋友聊聊，或是每個方法都試試也不錯。這些都不是立即見效的解方，但學習和自己相處是不能省略的步驟。你必須勇敢直視焦慮，對它說：「謝謝你試著保護我，我感受到你了。」

2. 五字真言：「我正在學習 ＿＿＿」

靜心覺察不確定感可迫使你接受這個事實：不是什麼事情都有答案。這個真相對高成就者（overachiever）來說超級可怕，因為他們喜歡一切盡在掌握之中的感覺。無法預測未來，當然就無法做出完美規畫。

但聽好了：本來就沒必要馬上找到所有答案。與其為了焦躁不安的心情或不知道接下來會發生什麼事而責怪自己，不如重新框架整個情況。只要學會對自己說「我正在學習 ＿＿＿」，而不是

「我辦不到」或「我早該想出解決辦法」，就能將自己視為有能力做出改變的人。

　　偏頭痛的狀況糟到不行的時候，莉茲的焦慮也攀到了高峰，但她提醒自己：「我正在學習適應極端的不確定性和壓力。面對身體排山倒海而來的痛楚，我正在試著找出因應之道，或是學著與之和平共處。」

　　以下示範重新架構負面自我對話的幾個方式：

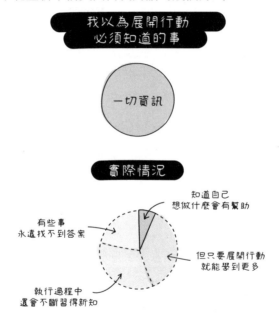

──────────

＊原書注：研究結果發現，寫日記不一定有幫助，特別是你已陷入焦慮迴圈的時候。寫日記可能會讓人太過專注於分析導致焦慮的原因（可能是你無法掌控的因素），進而使你落入情緒低落的輪迴。如要避免這個情況，不用每天寫日記，有需要的時候再寫就好。如需更多資訊，推薦各位閱讀塔莎・歐里希（Tasha Eurich）的著作：《深度洞察力》。

- 「我覺得好寂寞，當初不該搬家的」
  → 「我正在學習融入新城市」
- 「我是個糟糕的家長」
  → 「我正在學習照顧嬰兒與適應新生活」
- 「我所知有限，無法管理下屬；我無法勝任這份工作」
  → 「我正在學習當個超棒的主管」
- 「我就是個神經兮兮的傢伙」
  → 「我正在學習如何安然度過情緒風暴」

　　只要把自己視為不斷學習和改進的個體，就能轉換至心理學家說的「成長型思維」。有了這種思維，便可將充滿不確定性的領域視為學習新知的機會。不確定性依然讓人感覺充滿挑戰，但不再具有威脅性。成長型思維和舊有思維的差別在於，你是一遇到阻礙就開始想：「我不知道現在該怎麼辦，所以我一定辦不到，」還是你會告訴自己：「我可以培養出克服此事所需的技能。」

　　（我們想為這個建議加上警語：處於明顯會造成傷害的境遇時，絕對不要說服自己你正在學習應對方式。如果你覺得自己被迫去做不想做的事，或是覺得所處環境正在榨乾你的自尊，或是當下處境經常讓你感到身心受創，請快逃。）

前途未卜時安定身心的小秘訣

在極端不確定的狀態下，維持固定的生活行程以及刻意對某些事睜一隻眼閉一隻眼，或許會有意想不到的效果。這兩項做法都能帶來足夠的穩定感，可有效緩解焦慮。

研究顯示，儀式或習慣對於減輕壓力的效果極佳。心理學家甚至發現，任何儀式都有同樣效果，只要在相同時間做相同行為就能提升心理健康狀態。你不吃這套？沒關係，研究也證實，即便不相信儀式的效果，光是進行儀式這個動作就能讓人感覺好些！[23]

瑪西．霍林斯沃斯 (Maxie Hollingsworth) 是一位住在休士頓的公立學校老師，COVID-19 疫情前她其實不太化妝，因為總是忙著趕場。但在隔離期間，她發現化妝是「放慢腳步、關注自己」的好方法。[24]

讀者還和我們分享了以下幾個可以安撫心情的儀式：

• 固定每周三晚上專心烘焙美味食物
• 建立三首歌的清單，下班後邊聽歌邊跳舞
• 每周日下午花一小時整理家中的特定區域
• 周間每天做一次七分鐘運動訓練
  （YouTube 上有很多教學影片）
• 每天吃一樣的早餐

另一方面，也建議你調整對自己的期望，強迫自己不用去做部分事情。作家兼演講家伊耶奧瑪·奧洛（Ijeoma Oluo）想起她在新冠肺炎爆發之初的狀況：「我本來準備要刮腿毛，但突然覺得『呃，我不想刮腿毛』，然後就不刮了。」[25] 莉茲的朋友準備搬到美國的另一端前，她決定每星期二和四的晚餐都叫外賣，不再煩惱要煮什麼，她對我們說：「我允許自己在某些時候進入自動駕駛模式。」

下次面臨充滿不確定性的環境時，不妨承認自己要應付的事已經夠多了，並對自己說：「我現在不想把心力放在＿＿＿上，這麼做不會怎樣的。」

3. 找出焦慮背後真正的恐懼

我們的朋友卡莉貝說：「我記得自己對著眼前的橙汁雞不斷啜泣掉淚，腦中唯一的念頭是『我辦不到』。」

卡莉貝幾天前和爸爸從委內瑞拉飛往美國，準備在賓州展開她的大一新生活。但在排隊等著領學生證時，她開始驚慌失措，爸爸溫柔地帶她離開隊伍，走到了附近的熊貓快餐店（Panda Express）。

卡莉貝的爸爸在他們就坐時說：「你不一定要讀大學，下午我們可以馬上回家。我要你知道，不論你的選擇是什麼，未來都會好好的。」卡莉貝冷靜下來後，爸爸問她要不要回去排隊，但一

想到回去排隊這個念頭她就感到無法呼吸。

　　於是乎，卡莉貝和爸爸決定在校園走走。她爸建議：「不如我們來參觀幾間教室吧，你可以想像自己在裡頭上課的樣子。」他們一起看了圖書館和大講堂。「一開始我還是覺得難以承受，」卡莉貝回想。在那之前，她都是在小間的學校上課，從三年級開始，同班的就是那二十來個女孩。「但親眼看見自己日後每天會坐在那上課的地方，確實讓我感覺好些了。」

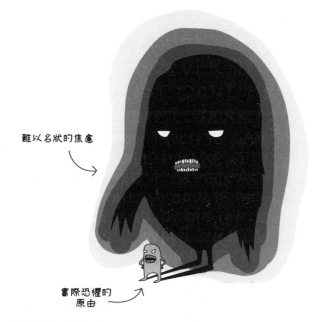

難以名狀的焦慮

實際恐懼的原由

　　卡莉貝的憂慮漸漸平息下來。她和我們說：「見到室友時，她們非常親切，我開始覺得『好，我可以想像自己在這裡生活、讀

書的樣子』。」幾天後，卡莉貝回到學校排隊領學生證，而且這次充滿了興奮期待之情。

組織心理學家勞拉・加拉赫（Laura Gallaher）博士告訴我們：「我們抗拒的不是改變，而是失去。」將難以名狀的焦慮翻譯成實際恐懼的原由，才能分毫不差地揪出自己真正害怕失去的東西，並找出可採取的行動，好避免陷入特定處境。通常你會發現，自己是害怕失去某部分的自我認同，或是日後可能會經歷的不適情緒。

是什麼原因讓你心跳飆高？不妨透過下列問題，溫和地拼湊出背後的故事：

- 我在怕什麼？
- 我想像會發生什麼事？
- 這些情境實際上會是怎樣？我會有什麼感覺？

如果你準備接下新工作，答案或許會是：「接下來的工作內容並不屬於我過去經歷的範疇，可能會不知道自己在做什麼，或是看起來笨手笨腳。我最怕的是失敗，然後被炒魷魚。」如果你將搬到其他城市，回答或許會是：「我很擔心自己無法像之前一樣如魚得水，也怕交不到朋友。如果遇到這種情況，我可能會非常寂寞，並擔心搬家是錯誤的決定。我超怕對自己的決定感到後悔。」

卡莉貝對我們說：「直到現在，每次做重大決定時我還是會感

到焦慮，但那趟校園巡禮教會我思考未來可能發生的事，並想像自己實際在那些情境的樣子。」多年後，卡莉貝在決定要去哪間研究所時，也試著盡可能描繪出每個選項的真實樣貌。其中一間學校位在芝加哥，但她沒錢親自去一趟，所以她透過 Google 街景服務在學校附近漫步，仔細讀了「芝加哥十大必做活動」的清單式文章，然後還參加了虛擬校園巡禮。當她在考慮要不要接受位於舊金山的工作時，身上已有些許積蓄，所以就直接飛去那待了一周。「我真的搭火車去未來要工作的地方，然後在附近的咖啡店外帶了一杯三倍濃縮冰拿鐵，嘗試讓自己可以清楚看見第一天上班的情況。」

在為本書做訪談時，許多人告訴我們，想像最糟的處境也挺有幫助。如果對你有效，恭喜。但如果你是容易緊張的人，務必小心不要過度災難化整件事。禪修導師雪倫・薩爾茲堡（Sharon Salzberg）給的提醒是：「小心不要鑽牛角尖，一股腦栽入幾乎無法想像的最糟處境。」[26] 想清楚實際可能發生的最糟情況或許會派上用場，但花數個小時糾結在根本不太可能發生的超可怕結局，就有點太過了。

為了不要讓焦慮雪上加霜，建議你問自己下列問題：

- 我的恐懼有根據嗎？還是我在庸人自擾？
- 最糟糕的情況實際發生的機率是多少？
- 最好的情況會是什麼？

• 最可能發生的情況會是什麼？

當你在思考下列問題時：

如果行不通
怎麼辦？

別忘了問自己：

如果行得通呢？

當然，有時現實中確實會發生可怕的情況，所以接下來要談談可控和不可控之事。

4. 分清楚可控與不可控之事

神學家萊因霍爾德‧尼布爾（Reinhold Niebuhr）曾在祈禱文中寫道：「請賜我平靜，得以接受無力改變之事；賜我勇氣，得以改變有能力改變之事；賜我智慧，分辨兩者的差異。」恐懼一般來說可以分為兩種：可以做些什麼且屬於可控範圍內的（可控之事），以及無法掌控的（不可控之事）。你必須認真分辨什麼是不

可控之事，如果覺得自己必須為不可控之事負責，就永遠不可能信心滿滿地說我盡力了。

你可以列出心中的一切恐懼，然後一一檢視並分類為可控或不可控之事。有時很難清楚分辨，因此只要有所遲疑，不妨講得更仔細些，像是「我很怕生病。」這個句子可以擴展為「我害怕生病，因為我扛了太多專案。」或是「我年紀愈來愈大了，所以很害怕生病。」前者是可控之事，後者就屬於不可控之事。也就是說，兩者間並無客觀分界。分辨兩者一部分是為了找出可憑己力承擔之事，此外還有坦白承認哪些事對現在的你來說無力承受。

將恐懼分門別類有助於規畫出清楚易懂的行動方針。讀者蘇珊和我們分享：「二○二○年的全球情勢讓我極度恐慌，疫情高峰時我在曼哈頓工作、生活，每天聽到的都是警報聲，而美國的政治新聞根本意圖要害人恐慌症發作。」蘇珊的心理健康大受打擊，她丈夫有天晚上不得不請她坐下來聊聊其他選項。他們將疫情和政治歸為不可控之事，根本不是他們可以控制的。但他們不需要留在紐約，居住地是他們可以控制的事。「我們決定搬去多倫多逃離現況，並離家人近一些──我從未想過我們會做出這個決定。」

當然，我們不是隨時都能做出如此重大的改變。讀者潔娜也透過將焦慮拆解為明確的恐懼而獲益良多，她和我們說：「自從四年前逃離了恐怖情人後，我就再也沒約會過了，光想到約會這件事整個人就焦慮到不行。」潔娜決定將她對約會的恐懼列成清單。

根據寫下的內容，並運用與工作計畫安排相同的技巧，為自己制訂了約會策略：了解目標對象（也就是她自己）、搞清楚常見痛點（信任問題、總是愛上害怕承諾的對象），然後據以擬訂解決方案。雖然潔娜永遠不可能知道約會是否會順利，或是對方會如何表現（這些是不可控之事），但她可以掌控約會地點、約會持續時間，以及她可以問哪些尷尬問題，好進一步認識對方。她和我們說：「我為約會設定了清楚明瞭的界限和價值。目前為止執行起來都滿不錯的，遠比以往差勁的經驗好多了。現在我樂在其中（！），而且只把時間留給符合條件的對象。」

5. 可控之事：為意外而生的計畫

面對不確定性時，你必須加倍努力才能想清楚接下來該怎麼做。我們天生內建辨別模式的能力，遇到已知的挑戰時（例如開車或安排旅遊行程），你會輕鬆地說：「啊，好喔，上次的做法可行，這次也照辦吧。」但不確定性打破了這個機制。心理學家莫莉・桑斯（Molly Sands）博士表示：「當你不確定該怎麼做時，就會覺得必須更加注意眼前所有枝微末節的小事，因此不確定性才讓人如此身心俱疲。」[27]

這也是為什麼你可能開始會想，我快受不了了，我真的辦不到。你的思緒在一百萬種可能的未來間來回跳躍，讓人疲於拼命。在確定自己的症狀是偏頭痛前，莉茲會花上數個小時瀏覽可

能造成頭痛的任何原因，從腫瘤到幻覺。把注意力放在可控之事上，然後為每件事擬好因應計畫，便可有效轉移大腦的注意力。

面對可控之事最好的做法，便是將每件事轉換成可採取行動的問題並找出答案。舉例來說，將「我擔心會被炒魷魚」的恐懼轉換成「如果被炒魷魚了我會怎麼做？」然後思考下一步：可以在領英平台（LinkedIn）上貼文公告自己在找新工作，或是問問朋友的公司有沒有在徵人。讀者瑪度拉和我們說：「身為持簽證來美國的印度移民，我在這個國家的長遠未來充滿不確定性。」每當她開始擔心未來，瑪度拉就會問自己：「如果必須離開美國時我會怎麼做？我需要哪些資源才能保證家人擁有美好未來？我有走在正確的方向嗎？我會失去什麼？我會獲得什麼？當我在腦海中推演這些問題時，好像就不再這麼害怕了。」[28]

你不需要滴水不漏的計畫和答案，所以請不要因過度分析而無法做出決定。這項做法是為了讓你相信自己有能力處理可能遇到的情況。人生教練艾蜜莉・尼爾森（Emily Nelson）和我們分享：「如果腦中塞滿沒有答案的問題，你就會開始坐立不安、心神不寧。大腦正在嘗試解決問題，所以不妨坐下來，寫下任何答案都好，就能找回些許控制權。」[29]

不要把計畫和答案視為不可動搖的定局。這項練習的本意在於讓你相信自己已準備好面對接下來的挑戰。勞拉・加拉赫博士告訴我們，美國國家航空暨太空總署（NASA）的團隊將進程稱

之為「為意外而生的計畫」。她進一步說明：「事先規畫的好處在於讓我們去思考事情發生時要如何應對，但思考的過程和經驗才是價值所在，而非特定進程本身。」[30]

為意外而生的計畫不僅可提供豐富資訊、提升自主感，還有助於你冷靜面對充滿不確定性的未來。而且最為重要的是，你會設定合乎現實的期望，就算計畫不如預期順利，也不會覺得有罪惡感，反而會更願意將整個旅程視為學習機會。另外也請注意，這個做法不是叫你一定要欣然接受所有變化，而是要承認自己最真實的感受，然後準備好採取你覺得接下來最合適的步驟。

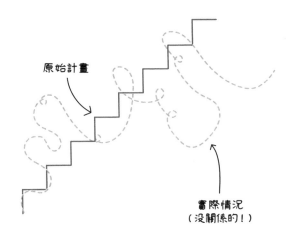

原始計畫

實際情況
（沒關係的！）

6. 不可控之事：控制不了就學習放手

好啦，我們知道說比做容易。面對不可控之事，學習放手的關鍵在於為擔憂設好界限，並且絕不越界。在 COVID-19 疫情期

間，我們的朋友菲力克斯非常擔心父親，因為他爸堅持不做任何安全防護措施。他和我們分享：「我發現自己能做的不多，我跟爸爸說我愛他，也很擔心他，希望他更加小心不要染疫。講完我的憂慮後，我就逼自己放下了。我想我也只能叫自己不要再去想了。」

那要如何不再想某件事呢？而且那件事還與可怕嚇人的未來密切相關？容我們向大家介紹實用的「標記*」技巧，其實就是說出為當下感受命名。下次當你面對不可控之事，心中又開始有各種思緒亂竄時，請用一個字去標記每個感受，像是抗拒、災難化、天旋地轉等。透過辨識自己的思考模式並為之命名，就不會被情緒牽著鼻子走。「Headspace」冥想應用程式的創辦人安迪‧帕帝康（Andy Puddicombe）解釋道：「你會在當下意識到，我們不等於我們的思緒，這項覺察會對我們感受到壓力和焦慮的方式帶來深遠影響。」[31]

或許也可試試下面這項很受歡迎的認知行為治療技巧：空出一段時間讓自己瘋狂擔心所有不可控之事。在快要深陷其中、不可自拔時，告訴自己：「明早九點再來想這些事。」安排一小段時間逐一觀照焦慮，可以讓你更快將焦慮擱置一旁、著眼當下。

＊譯注：這是一種緩解壓力的技巧，與其想辦法擺脫不快樂的感受，不如在面對壓力時平靜地標記自己的心態，承認壓力的存在並且接納它，進而減少面對壓力時的反射性衝動，讓自己有空間去緩解與轉念。

焦慮時該怎麼辦

深呼吸　　　　　出門快走　　　　　冥想一下

專心拼圖　　　召喚暗靈　　　抱一下毛小孩
　　　　　　消滅敵人

7. 回顧讓自己信心倍增的經驗

雖然你無法準確預測未來，但可以提升自信，準備好迎戰人生丟來的任何挑戰。

安然度過變動的關鍵不在於相信這個世界，而是要相信自己。研究人員花了四十年的時間，追蹤一九九五年在夏威夷出生的所有兒童。結果發現，最能夠適應不確定性的孩子通常都是「按照自己的想法在社會上生活的人」，而且能夠有效運用自身現有的任何技能。[32] 最重要的是，他們相信自己的所做所為是有影響力的。[33]

回顧自己過去順利解決的所有難事是非常有用的信心建立技

巧。不妨問自己：

- 我曾在什麼時候不確定下一步該怎麼走？
- 我是如何解決問題的？
- 哪部分做得不錯？
- 從中學到了什麼？

　　只要想起過去成功適應環境的經驗，你就會發現自己可以再次辦到。我們面對不確定性時的自我敘事通常是「我辦不到，我軟弱又可悲，我對不起我自己」（這是來自莉茲的真實思緒）。但只要提醒自己，截至目前為止你已撐過了所有無比艱困的日子，便可輕鬆將思維轉換成：「雖然我不確定接下來會怎樣，但不會有事的，我一定有能力面對。」

　　有時想想其他人克服的挑戰也能帶給自己力量。卡莉貝告訴我們：「我爸媽從委內瑞拉前往美國愛荷華州讀博士學位時，一句英文也不會說，還帶著三個不到十歲的小孩。媽媽在我們老舊廚房做事的畫面我還歷歷在目，電鍋、慢燉鍋、烤土司機等小家電排成一列，媽媽會按下每個電器的按鈕，然後一邊讀書一邊煮飯給我們吃。她就這樣辦到了。」

　　在卡莉貝讀大學的最後一學期，委內瑞拉的政局變得更加動盪不安，政府甚至凍結了銀行的對外匯款業務。她的雙親在完成學位後就回到了委內瑞拉，所以無法從國內匯錢給她繳學費。卡

莉貝只有幾天的時間去籌出一萬八千美元的學費，不然就無法畢業。結果她克服了困境，跟身邊朋友和一位她平常會幫忙管理實驗室的教授借到了所需金額。她回憶到：「那時真的是壓力爆大。但現在每次想到我的父母，並回顧那次必須問自己『你是否驕傲到不肯低頭求助？』的經

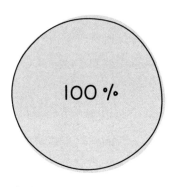

成功度過
最糟時刻的機率

100 %

驗，我知道以後不管發生什麼事，我都有能力找出解決辦法的。」

你也可以用循序漸進的方式離開舒適圈。讀者丹妮拉有個學期過得特別不好，不巧又和另一半分手，焦慮因此飆到了高峰。她告訴我們：「我為自己設下了挑戰：每天嘗試一件新事物，為期一個月。新事物可以是很簡單的事情，像是去新的咖啡店或餐廳，也可以是開始新的運動。」丹妮拉藉此慢慢地學會相信，自己有能力應付任何充滿壓力的新環境。[34]

8. 依照自身對不確定性的耐受度來規畫人生

讀者迪倫起初想以喜劇為生，結果發現不固定的行程和不穩定的收入讓生活過得十分辛苦。雖然他已預計要在好幾個高知名度的脫口秀中表演，但想到成功與否還是取決於運氣或別人給的

機會，他就覺得灰心喪志。經過兩年的喜劇演員生涯後，他現在開開心心地走在更加穩定的醫學職涯之路上。不確定性通常代表著有趣與冒險，尤其是在二十來歲的時候，這是天性。但我們想和各位說：「平淡無奇」也完全沒差，只要你覺得自在就好。

對不確定性的耐受度因人而異（如需「不確定性耐受度評估表」，請見本章末）。雖然你永遠無法預測未來，但有些決策的風險確實較低。教授和公務員的工作通常都比藝術家和創業家穩定。我們對安穩生活的渴望也會隨著時間改變，而且通常年紀愈大愈渴望穩定（但中年危機可能會讓人突然想尋求刺激）。艾莉是位創業家，她和我們說：「我二十幾歲時覺得自行創業聽起來很性感，但三十幾歲的我可就不是這麼想了。我以前常說『我不想知道自己餘生的樣貌，太無趣了』。但現在我只希望人生可以更平靜無波些。」

承認自己想要比較安穩的生活並非壞事。如果你目前的處境充滿不確定性，甚至是帶來了慢性壓力，不妨規畫另一個比較沒有無數問號的新人生道路。讀者桑妮亞一直是走遊牧民族路線：在八年內搬了十次家，包括兩次的跨國遷徙。但不斷打包出發的日子開始讓她感到厭煩。現在她已經在同間公寓住超過三年了，她說：「我終於可以買些植物放家裡了。」

不確定性讓人焦慮不安。就算 COVID-19 疫情從未發生，我們還是會經歷影響力無遠弗屆的動盪時期，將我們搞得暈頭轉向，對接下來會發生什麼事憂慮不已。但只要掌握正確工具，我們還是可以相信自己有能力好好應付人生丟給我們的課題，不管是透過固定儀式來調適自己，或是規畫壓力較小的職涯路徑。希望先前說明的那些步驟，可以助各位開始以好奇心看待不確定性，而不是將之視為不堪負荷的外力，害你老是在半夜三點 Google「如何入睡」。

好用建議

- 沒人可以完美預測或計畫未來。
- 勇敢面對焦慮並找出背後真正的恐懼或壓力來源。
- 清楚分辨這些恐懼或壓力來源是可控或不可控之事。
- 針對可控之事制訂為意外而生的計畫。
- 面對不可控之事,試著使用標記技巧或分心大法讓自己放下。
- 回顧自己善用資源與策略解決問題的經驗,讓自己信心倍增。
- 依照自身對不確定性的耐受度來安排合適的生活模式。

不確定性耐受度評估表 *

這份評估表是根據「無法忍受不確定性量表」（Intolerance of Uncertainty Scale，簡稱 IUS）改編而成，專門用來評估面對不確定性、不明處境和未來時的反應。

步驟一：請根據以下敘述，找出你落在兩個選項之間的哪個等級：

1. 生活中的不確定感會讓人很受不了

   聽起來不像我 1 － 2 － 3 － 4 － 5 － 6 － 7 聽起來就是我

2. 如果不能掌握所有我需要的訊息，我會覺得挫折

   聽起來不像我 1 － 2 － 3 － 4 － 5 － 6 － 7 聽起來就是我

3. 生活中的不確定感會造成我無法擁有滿意的生活

   聽起來不像我 1 － 2 － 3 － 4 － 5 － 6 － 7 聽起來就是我

4. 我做事會未雨綢繆，以避免突發狀況發生

   聽起來不像我 1 － 2 － 3 － 4 － 5 － 6 － 7 聽起來就是我

5. 一小件無法預知的事，就會搞砸我周全的計畫

   聽起來不像我 1 － 2 － 3 － 4 － 5 － 6 － 7 聽起來就是我

6. 在我該採取行動時，不確定感會讓我無法行動

   聽起來不像我 1 － 2 － 3 － 4 － 5 － 6 － 7 聽起來就是我

7. 當我感到不確定時，我的能力就無法發揮

   聽起來不像我 1 － 2 － 3 － 4 － 5 － 6 － 7 聽起來就是我

8. 我總會想知道即將發生什麼事情

   聽起來不像我 1 － 2 － 3 － 4 － 5 － 6 － 7 聽起來就是我

9. 我無法忍受突發狀況

   聽起來不像我 1 － 2 － 3 － 4 － 5 － 6 － 7 聽起來就是我

10. 即使是一些小疑慮，也可能使我中斷自己正在做的事

   聽起來不像我 1 － 2 － 3 － 4 － 5 － 6 － 7 聽起來就是我

11. 我應該要在做事之前將所有事情都規畫好

   聽起來不像我 1 － 2 － 3 － 4 － 5 － 6 － 7 聽起來就是我

12. 我必須遠離狀況不明的情境

   聽起來不像我 1 － 2 － 3 － 4 － 5 － 6 － 7 聽起來就是我

▽評估結果請見次頁▽

步驟二：請根據答案加總分數，找出自己在耐受度評估表中的落點：

- **28 分以下：你熱愛追求不確定性。**
  - 不確定的處境不會給你太大壓力，事實上反而是變化萬千的環境能助你大放異彩。
  - **主要機會：**請勿掉以輕心，不確定性耐受度可能會隨著時間浮動。但就現階段而言，你會發現自己在事業或私生活中充滿起落變化的情況下最為開心。如果你覺得刺激不夠，不妨想想有沒有辦法可以在工作或生活中加入更多變動？如果可以，就快去擁抱人生之樂吧。

- **29–56 分：你喜愛不多也不少的不確定性。**
  - 你對不明情況的耐受度可能會有所差異，取決於人生的領域（個人或專業生活）或其他因素，像是有沒有睡飽。
  - **主要機會：**如果你覺得工作或私生活將你的不確定性耐受度（或許包括了你的心理健康）逼到了極限，想想看是否有辦法可以在生活中加入更多固定行程。如需更實際明確的主意，請查看**第一章的「前途未卜時安定身心的小秘訣」**。另一方面來說，如果你覺得生活中的刺激不足，想想看是否有辦法在每日、每周或每年的生活中加入更多起伏。

- **57 分以上：你對不確定性避之唯恐不及。**
  - 面對人生中的不確定性你無法好好調適自己。如果工作充滿了不確定性（例如手上專案不斷變動，或是一直在搬家），可能會對你的心理健康造成額外的負擔。
  - **主要機會：**如需短期協助，不妨試試**第一章的「前途未卜時安定身心的小秘訣」**。儘管如此，你可能還是需要安排一些長期的重大改變，才能更加滿足你對穩定的需求。這個目標可能會和你的願景有所衝突；**第七章的迷思二**或許有助於你進一步思考這些問題。但總的來說，心理健康狀態愈好，你就愈能夠面對無可避免的不確定性。

※警語：本書所附之四張評估表，作者或自創，或本於原始量表改編，以符合相關情緒問題情境。經心理師提醒，原始量表的中文化均有經過效度測試，所以翻譯本書評估表時，也盡量參照中文版翻譯。提醒讀者，評估表結果僅供參考，如狀況嚴重仍應優先考慮尋求專業醫師諮詢與協助。本書亦於附錄新增台灣讀者適用的心理求助資源清單。

第二章

比較

別拿自己的內在跟別人的外在相比

休‧麥克李奧 (Hugh MacLeod)，插畫家

莫莉：「很抱歉好長一段時間沒回電話或和你聯繫，但我現在真的狀況不佳，希望你能諒解。」我傳了這段簡訊給我的高中摯友凡妮莎。*

正常情況下，我和凡妮莎至少每隔一周都會通話。幾十年的友誼讓我們的關係十分緊密，知道彼此工作和生活中的一切起落。我和凡妮莎的生命歷程從大學開始就幾乎一模一樣，她出了一本書，接著我也出了一本書；她結婚了，然後我也結婚了。不過接下來她懷孕了，而我沒有；她生完小孩時，我還有去醫院看她。

當時我由衷地替她開心，甚至感到一如過去的緊密連結。但過沒多久，我的人生急轉直下，先是受了傷，然後決定搬去美國的另一頭，而且還因為壓力過大而導致停經。與此同時，凡妮莎似乎一直在前進，不斷達成一個又一個的里程碑，過著我原本以為自己也會有的精彩人生。

因此，雖然我也想為她開心、祝賀她的成功，但和她聊天對我來說愈來愈痛苦，每通電話都好像在提醒我有多落於人後、和她比起來我的人生有多悲慘（我自認為）。事實證明，當我們的生活不再並駕齊驅時，維持友誼並不是那麼容易的事。

你是否曾因為事業或人生達成了某個里程碑而興奮不已，但不到一天的時間，又因為 Instagram 上的某篇貼文，瞬間落入「我永遠不夠好」的黑洞之中？

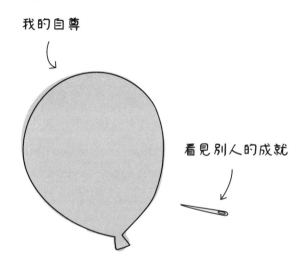

我的自尊

看見別人的成就

你不孤單。一項研究顯示，超過百分之七十五的人表示，自己近期曾透過和別人比較來評估自我價值。[1] 活在現代社會中，我們很難克制自己不去和別人比較自己的進展：從 Glassdoor 網站的薪資、房子大小、假期自拍，到 Bumble 平台上約會對象的高中足球比賽分數，什麼資訊都能在 Google 上搜到。

就算你不會去肉搜某人生活的大小細節，還是會一不小心看

＊原書注：已經過變名處理。

見這些資訊。莫莉曾在視訊通話時，不小心瞄到老闆居家辦公室中的禮品包裝工作檯。她突然覺得很煩躁：「我沒有手巧心細到需要設個禮品包裝工作檯。難道我永遠不可能達到那個程度嗎？」她甚至不知道那個程度是什麼意思：是想成為執行長？手工藝家？或是找個會在家架設禮品包裝工作檯的伴侶就好？

我們猜你也曾陷入類似的惡性循環。不斷和他人一較高下可能會讓我們感到忿恨不平、焦躁不安、衝動行事（真實故事：鄰居中樂透會讓人更容易破產）。[2] 比較心和欣羨之情也會讓我們感到無地自容。心理學教授克莉絲汀・哈里斯（Christine Harris）博士表示：「羨慕讓人覺得自己像醜陋的雙頭怪，其中一個腦袋想要別人擁有的東西，另一顆腦袋則是怒斥第一顆腦袋怎麼可以有這些負面想法。」*

那要如何約束比較帶來壞處呢？講出來或許你不會相信，科學家證實，讓我們悲慘不已的不是比較，而是比得不夠多。乍聽之下你可能覺得在開什麼玩笑，如果你相信「人比人氣死人（Comparison is the thief of joy）」這句名言（來自美國前總統西奧多・羅斯福（Theodore Roosevelt）和其他人），更是如此。

其實比較並非一定會讓人痛苦不堪。人類是「關係物種」，所以和他人比較自身表現是本能，而且觀察他人也能轉化為自身的動力來源：看見美國「飛魚」菲爾普斯（Michael Phelps）拿下一面又一面的奧運金牌，成了我們下水游泳的動機；莉茲聽完朋友

調薪談判成功的故事，促使她在幾個月後也提出了加薪要求。只有不知道如何解碼情緒反應，才會令我們不知所措。

我們將在本章證明比較是不可避免的，擁抱這種情緒才是讓自己更健康且快樂的關鍵，也才不會陷入失控的負面循環。我們會說明大家對比較的常見誤解，然後和各位分享常常拿出比較量尺的好處。最後，我們會給你許多簡單明瞭的訣竅，好讓你即時阻止心中那個綠眼怪物搶去方向盤、帶你衝下懸崖。

比較的迷思

迷思一：沒有社群媒體、沒有比較

社群媒體是最容易滋生比較心的場域。我們（莉茲和莫莉）當然幹過不少滑過一篇又一篇的貼文，然後就開始厭惡自己的蠢事。我們也都有限制自己使用社群媒體的頻率：莉茲裝了一個Google Chrome 擴充功能，讓她在上臉書時不會收到動態消息，而莫莉則是選擇不在手機上安裝 Instagram 應用程式。

但遠離社群媒體不會神奇地讓比較心消失不見。除非你發誓

＊原書注：我們時常交互使用羨慕（Envy）和嫉妒（jealousy）二個詞，但其實它們在意思上有些許不同。羨慕是一種渴望的情緒或過度崇拜他人的成就、優勢或財富，像是看到朋友升遷就希望自己也能升遷。嫉妒是看見別人擁有的而想取而代之，例如同事獲得晉升，你就希望是自己拿到那個機會。嫉妒也會用來形容不希望別人染指所有之物的感受，比如說另一半和其他人調情時會感受到的情緒。

要一個人獨自活在沒有任何手機訊號的蠻荒之地，否則一定會發現有人日子過得比你爽，不僅看起來不費吹灰之力就超有時尚感，還能在職場上步步高升。一項研究顯示，你朋友擁有的朋友通常比你多，這是經過數學實證的。（不信自己去查！）[4] 而且不管有沒有上社群媒體，我們每天有一成以上的思緒仍與比較相關。[5]

比較是認識自己的關鍵。[6] 我們的成就、期待和心情全都會受到與他人較量的影響。心理學家查爾斯·庫利（Charles Cooley）在他一九〇二年的著作《人類本性與社會秩序》（Human Nature and the Social Order）中曾寫過，自我價值一部分是源自於「鏡中我」，或是說我們認為在別人眼中的自己。[7] 人們評價自己是否擅常某事與是否「滿意」自身能力的標準，是取決於有沒有比其他人厲害，或是才華有沒有獲得讚美。

我們不是唯一會因比較產生情緒的物種。埃默里大學（Emory University）的研究人員發現，猴子會偷瞄同伴吃的食物來評價自己手上的食物。如果每隻猴子都拿到一片小黃瓜，整個猴群都會開心地大嚼特嚼，但如果有些猴子拿到了香甜多汁的葡萄（整個大

升級），手上只有小黃瓜的猴子就會暴跳如雷。[8]

從演化角度來看，嚴以待己也有極大好處。我們都有負面偏誤的通病，也就是負面經歷特別容易引發強烈情緒。莉茲有次在公司發表完簡報後，主管大力讚揚了她，並給了個小到不能再小的建議，猜猜看莉茲接下來整天都在糾結哪個部分？理論上來說，比較心應該驅使我們加倍努力，進而確保自身的存續。但在現代社會中，每當我們認為自己落居下風，情不自禁就想責怪自己。

讀者安娜是位研究生，她刪除了臉書應用程式，以免自己看到同學發表的作品、簡報、拿到的補助金和論文成果。她和我們說：「但每到研討會期間，大家都在討論自己的著作，我的那些不安又全跑了出來。在研討會上，心中常常有股難以忍受的暗流四處亂竄，滿滿的都是嫉妒和不足感。」[9]

簡單來說：避開社交媒體一小段時間會有所幫助（本章之後會詳細說明），但不代表和他人較量的日子會就此畫下句點。

迷思二：當你終於＿＿＿，就不會再和他人比較，從此過上幸福快樂的日子

人生教練譚雅・蓋斯勒（Tanya Geisler）和我們說，「如果有人說『只要＿＿＿，我就會快樂了』，那不是目標，那叫做陷阱。」[10]

比較心會不斷地變異與演化，所以就算你終於跨過那條夢想已久的終點線，沒多久又會開始把目光放在新目標上。讀者瑪姬和

我們說，在家庭聚會中，當時二十六歲單身的她，十分羨慕坐在對面的姐姐和姐夫能擁有幸福美滿的婚姻。但當瑪姬和真命天子結婚後，她的終點線變成生孩子。當時她的姐姐已經有二個精力旺盛的小寶貝，反觀瑪姬還在討論什麼時候要生小孩。

比較的天性是為了讓我們得以時刻重新評估自身現況。[11] 研究人員稱我們拿來和自己比較的對象為「比較標的」，而且會隨著個人境遇有所變動。莫莉的比較標的原本是凡妮莎，但在凡妮莎生了小孩但自己沒有後，比較標的就慢慢地轉移了。工作上也是如此，比如說你終於升上經理後，其他經理就突然變成同儕，之前看似遙不可及的目標，現在變成周遭的人都已經做到的成就。這就是

所謂的「新境界、新挑戰」（new level, new devil）現象：人生每升一級，就會加入成就更高的新團體，你也會因此開始和這些人進行比較。

讀者克莉絲汀是法律系學生，夢想是獲選加入美國政府知名的「總統管理人員獎學金專案」（Presidential Management Fellows Program）。此專案提供在政府機關工作的支薪研究機會，錄取率大約只有百分之三。學校的法學院和她說，已經有超過五年的時間沒有任何學生闖入最終面試了。她在整整四周內參加了二十場面試，同時還要兼顧學業、打工以及身為學術期刊總編輯的文章發表。

有天晚上，克莉絲汀和朋友待在飯店酒吧時接到了一通電話，原來是該專案的聯絡窗口通知她入選了。「我坐在大廳淚流滿面，總算鬆了一口氣，」她和我們說。隔天她和朋友一起吃午餐慶祝，狂喝馬丁尼喝到醉，然後去給人按摩、犒賞自己。

但最初的狂喜之情很就消退了，克莉絲汀開始羨慕那些成為企業律師的朋友，根據她的說法是：「他們要拿著簽約獎金去希臘玩一個月，光那筆獎金就超過我起薪的一半。雖然這個工作機會對我個人和專業發展都有著不同凡響的意義，而且是我自己選擇的，但還是突然覺得自己像個影子，被困在這裡哪也去不了。」[12]

迷思三：愈少和人比較愈好

當普莉西雅成為家族中第一個拿到大學學位的人，她心中有個部分反而覺得自己是魯蛇。

光從表面來看，普莉西雅的人生就是堅忍不拔的成功故事，打兩份工付學費，為了省房租住家裡，並在社區大學拿到了大部分的學分。在拿到四個副學士學位和商業證書後，普莉西雅爭取到足夠的獎學金來支付就讀當地州立大學的學費，然後只用了一年就拿到學士學位。

但普莉西雅只看見自己花了七年漫長的時間才終於拿到學位，而其他認識的人幾乎都是四年就畢業了。幾年前，她滑到一堆高中同學的照片，所有人都穿著學士袍和學士帽，正在舉杯慶祝畢業，她突然陷入無盡的絕望。她回想到：「我想過放棄好幾次，幾乎都準備好要休學了。」

畢業那晚，普莉西雅躺在床上，挑了幾張爸媽幫她拍的照片，一張張套用不同的濾鏡，卻遲遲無法張貼到 Instagram 上。「別人只花了一半的時間就從大學畢業，我有什麼好值得開心的？」她這樣想，所以關掉了應用程式，然後用被子矇住了頭。

我們常把比較描述成摧毀自尊的武器，但當我們因比較而陷入黑暗的旋渦，最可能的情況是我們比得不夠。你看到天賦異稟的鋼琴家，行雲流水地彈出拉赫瑪尼諾夫第三鋼琴協奏曲，就對自己說：「我鋼琴彈得有夠差。」請打住這個念頭，你沒想到的是

這位鋼琴家每天花數個小時練琴，而且從幼稚園就一路練到現在。又或者換個情境，你只看見自己花了多少時間拿到學士學位，忘了肯定自己已達成了多少成就。

　　研究顯示，我們常會拿自己的短處去比別人的長處。如果能做到更全方位的評比，你漸漸就會知道，有些事不是那麼遙不可及。普莉西雅應該更深入地與他人做比較，這樣她就會明白跟同學相比，自己已經不知道克服了多少經濟上的困難。當她查看了統計數據後，才發現如果雙親都沒讀過大學，兒女能拿到大學文憑的人其實沒幾個，這時她才終於開始以自己為傲。「經過種種比較，我才明白花多少時間拿到文憑根本不重要，重點是我辦到了。」一位家族友人也提醒她，人生只有一條終點線：死亡。其他的里程碑或時程都是你為自己設定的。認知到自己已成功達成預設的目標後，普莉西雅便漸漸能夠克服自我懷疑了。[13]

 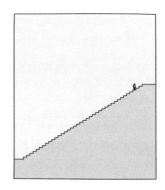

本章後續還會進一步討論這點，但只要記得，多了解別人的

經歷也會有所助益。作家阿密娜圖・索烏（Aminatou Sow）在對抗癌症時，有位朋友向她坦承自己的財務狀況有問題。索烏在部落格如此寫道：「當我被癌症折磨的死去活來時，別人也在經歷各式各樣的問題嗎？？快，我想聽更多細節。」她記得當時發現自己不是世上唯一正在受苦的人，莫名地倍受安慰。[14] 她解釋到：「朋友很可能只是不想讓你為他們的困擾煩心，這個舉動雖然貼心，但也可能會讓你以為其他人都活得好得不得了。」

ele

莫莉：我的比較標的不僅限於那位完美友人凡妮莎。每次在 Instagram 上看到誰懷孕了或生了個超可愛的小孩，感覺真的就像有人直接揍了我肚子一拳。我可能早上還好好的，無聊打開 Instagram 滑一下，接下來的一天就毀了。我發現自己很難成為我心目中那位慷慨體貼的朋友。一開始朋友們一個個生小孩時，我還會每人寄一頂我媽親手織的小毛帽以示祝賀。但時間一久，我不再跟我媽聊新生兒的事，甚至連收到新生兒誕生通知或產前派對的電子郵件，都要逼自己提起力氣回信。因為生不出小孩，我自認為是個令人失望的老婆和女兒。那時我還是很想要小孩（現在也是），但也知道自己必須先專心療傷（詳情請見第六章「絕望」）。在我心中，生不出小孩抵銷了我在事業和人生中的所有成

就，感覺好像除了我以外的所有人都拿下了這個人生里程碑。

我驚覺比較心已佔據了我的人生，一點一滴地吞噬我的幸福和精力。於是我的第一步行動是直接完全停用 Instagram，如此一來可以相互比較的朋友圈瞬間就小了許多，小到我不太會因無所不在的比較毀了一天。當然，我還是會收到好友的簡訊和電子郵件，但至少不用知道大學室友的前男友喜獲雙胞胎，然後還託比特幣的福成了超級有錢人。

我每隔幾個月會上 Instagram 打發一下時間，然後再次驚訝地發現這些圖片居然能在腦中停留這麼久。我才滑不過十分鐘，接下來幾個星期都擺脫不了那種較勁心理和自覺不足的感受，甚至連數十年沒見的友人，我都會夢到他們的生活細節。

我也試著多和選擇了不同人生道路的朋友相處。我在社區游泳池認識了二位分別是六十五歲和九十九歲的女士，她們從未結婚或生小孩，對生活非常滿意，重點是完全不會觸發我的比較心態。我還重新聯絡上一位很年輕就離了婚的大學同學。我把精力放在多加認識和我一樣不在人生正軌上的朋友。

我花了很長時間刻意避開過去習以為常的較量，同時也開始接受諮商，好幫助自己坦然接受當下的狀態與人生境遇。一年多以後，我發現自己開始可以再次和更大的交友圈互動了，有時甚至能上社群媒體看看，心情也不會因此跌入谷底。

後來我主動和凡妮莎重新聯繫，向她坦承當初斷了聯繫對我

來說也並非易事。我跟她說，那段時間我本來就很少和人講電話，但和她講話確實是特別困難，因為她讓我不斷想到我原本以為自己會過上的人生。我很怕開口跟她談這件事，所以拖了幾個月都沒打電話。當我總算鼓起勇氣和她通話時，她給我的最棒禮物是完全不怪我拒她於千里之外。我們後來得以慢慢重新建立友誼，即便人生依舊處於截然不同的階段，但仍可找到彼此交流互動的方式。對此我由衷感謝。

應對辦法

　　喜劇演員艾比・柯維丹（Abby Govindan）在推特上發文：「剛發現男友之前的約會對象都超漂亮，實在有夠不爽。」[15]

　　如果不多方查證，比較會讓你悲慘無比。看見別人在某方面做得比你好，可能會讓你覺得自己好像被全盤否定，但只要掌握正確工具，便可善用羨慕之情來找出自己重視的東西。我們將在這個章節教你如何解碼欣羨感想告訴你的事，接著便可將感受轉換成行動。另外還會跟你說有哪些盲點，可能會扭曲你看待自己與他人關係的觀點。

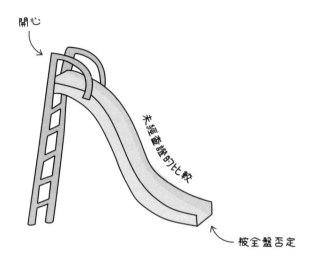

開心

未經審慎的比較

被全盤否定

1. 傾聽最強烈的情緒觸發因子想說的話

二十年前，一位年輕律師在等咖啡泡好的時候，心不在焉地翻著自家法學院的校友雜誌。她隨意翻閱著一則有關選舉人團現況的專欄、一長串的結婚佳訊、第五十屆校友大會的照片，最後目光落在一篇校友分享職涯近況的文章。想當然耳，許多校友一直都是執業律師。看見別人的卓越成就，她確實有一絲絲嫉妒。

但當她看到一位校友成功當上全職作家時，整個胃都縮成一團了。她長久以來都幻想自己可以成為記者或寫書，但一想到自己為了從事法律工作已投入了多少資源，就把它當成白日夢而已。結果現在看到有人真的成功圓夢了，她羨慕到幾乎要流眼淚了。

這就是《紐約時報》暢銷作家葛瑞琴‧魯賓（Gretchen

Rubin）當初下定決心要展開作家職涯的心路歷程。她轉換事業跑道不是起因於和老闆懇談，或花幾個月接受人生教練指導，純粹是因為她羨慕死某個人的人生。

比較可以帶你了解自己重視的事：看到別人在做自己想做的事，你會感受到強烈的欣羨之情，即便你根本沒意識到自己想那麼做。

羨慕的強度

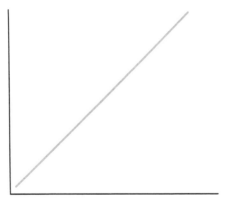

重視的程度

自我覺察有助於將感受轉換成實際行動。下次你發現自己在羨慕別人時，不妨探索一下背後的原因是什麼。你可以問自己下列問題：

- 你覺得跟他人相比自己缺乏什麼？
- 你認為達成這個目標可以彌補哪種匱乏？
- 我真的想要他人擁有的成就嗎？

• 如果答案是肯定的，那試著採取行動去達成目標值得嗎？

　　答案愈是清楚明確，就愈能將情緒化為實際行動與執行策略。讀者海倫和我們說，她在雜貨店遇到一位近期離婚的朋友，只覺得羨慕得不得了。海倫回想到：「她整個人神采飛揚，而我那時的婚姻生活超慘。看她如此放鬆愉快，毀了我的一天。」海倫並不想離婚，但想重新與老公建立連結，於是幾周後，她們夫妻倆就一起去接受諮商了。

　　留心自己毫不羨慕的事其實也滿實用的。莉茲的一位好友很早就知道自己不想要小孩，她和莉茲說：「看到別人和嬰兒的合照，我絲毫妒意也沒有。我很替這些生小孩的朋友開心，只是我更加確定自己不適合這種生活。」

2. 不要讓良性羨慕變成惡性嫉妒

　　因比較而起的羨慕可以是絕佳的動力來源和指南針，但也可能會讓我們變得憤世嫉俗。

　　心理學家將這兩者分成「良性羨慕」與「惡性嫉妒」，前者因羨慕別人而想迎頭趕上，後者是討厭且嫉妒某人，只因他們擁有你想要的東西。「他們有閣樓公寓，有能力買得起超酷」和「我痛恨他們能夠享受如此美景，真希望他們遭遇不幸」是截然不同的兩回事。澄清一下：兩種感受都很痛苦，但良性羨慕會讓我們更

努力提升自己，而惡性嫉妒只會讓人變成討厭鬼。[16]

當我們有所匱乏時，特別容易產生惡性嫉妒。但有更多實例證明，別人有能力達成代表我們也有機會成功。一個研究小組針對超過六百名淋巴癌和乳癌的患者進行了研究，旨在找出這些患者彼此交流互動所帶來的影響力。研究結果出人意表，他們發現小組活動居然有助於大幅提升重病癌症患者的自尊。這些患者並不會嫉妒病況穩定的患者，反而將之視為希望和動力的來源。[17]

想將惡性嫉妒轉化為良性羨慕的話，不妨試試讀者艾雅提供給我們幾個句子：

- 「我深受_____的啟發，或許我可以向他們學習，或請他們當我的導師。」
- 「我還沒做到像他們一樣的程度......只是還沒而已。」
- 「每個人都有自己的旅程要走，我對自己的人生心存感謝。」

‧「如果我最愛的偶像不再從事其鐘愛之事，我就無法
享受到這些不可思議的作品了。」

　　話雖如此，惡性嫉妒有時看起來好像還真有正當理由。讀者
艾莉覺得超不服氣，因為有位能力普普但人緣極佳的同事獲得升
遷，但她卻沒有。而我們的朋友保羅告訴我們，他從小就看著母
親勉強維持生計，因此每次看到那位出生就有信託基金的同事，
他就覺得憤慨不平。命運並不公平，而且你會一而再、再而三地
被迫接受這個事實。

　　如果你開始有這種惱人情緒，不妨問自己：這個人值得你如
此煩心嗎？重新調整自己的注意力，專心感受一下還有哪些其他
情緒，以及要如何才能把這些事拋諸腦後。艾莉同時間也感受到
憤怒，進而激勵她另覓更佳去處；面對不時出現的不安感，保羅
的抗衡方式是告訴自己：「這種念頭對我來說一點幫助都沒有。」

3. 不要光看精選特輯，想想完整的幕後花絮

　　約翰尼斯‧豪斯弗爾（Johannes Haushofer）現為斯德哥爾摩
大學經濟學系的副教授，他在二〇一〇年發表了一篇名為「失敗
履歷」的文章，目的是為了讓學生明白被拒於門外是通往成功的
必經之路。他還在任教的大學網頁上張貼了一份新版失敗履歷，
內容包括「我沒錄取的學位學程」和「我沒拿到的學術職位和獎

學金」。他解釋到：「我嘗試過很多事都失敗了，但大家通常不會看見失敗，只注意到成功的部分。我發現有時這種誤會害別人以為我好像做什麼事都很順利，因此把自己遭遇的失敗全歸究於自身，而不去思考其他可能性，像是……申請結果本來就像擲骰子一樣純憑運氣，而且甄選委員會或論文審閱人也會有日子過得特別不順的時候。」[18]

我們大多相信別人的生活過得精彩無比，但實際上並非如此。[19] 我們會這麼想是其來有自的：一項近期的問卷調查發現，百分之八十二的回應者承認，他們會把自己的生活包裝得比現實情況更令人嚮往，像是略過無聊的部分，或是刻意表現出非常活躍的樣子，明明實際人生並非如此。[20] 心理學家阮梅離·史提勒斯（Mai-Ly Nguyen Steers）稱這個現象為只看見「別人的精選特輯。」[21]

但我們通常不知道別人正在經歷的真實人生。如果我們不去認真思考別人照片背後的幕後花絮，就更可能會產生惡性嫉妒。[22] 作家雪兒·史翠德（Cheryl Strayed）如此寫道：「許多你以為很富有的人其實並不有錢，而許多看起來過得順風順水的人，不管在過去或現在都可能正在受苦。」[23]

瑪麗亞·拉米雷斯（Maria Ramirez）早期當公關的時候，她的臉書看起來十分光鮮亮麗。她張貼了許多照片，包括自己和音樂家璜斯（Juanes）的合照、參觀麥迪遜花園廣場演唱會的後台、在

邁阿密游泳池畔啜飲雞尾酒。[24] 但離線的她累得跟狗一樣，辦活動常常忙到半夜二點，三天兩頭就要出差，而且幾乎沒時間和未婚夫相處。她接受《財星》雜誌訪問時曾表示，當時

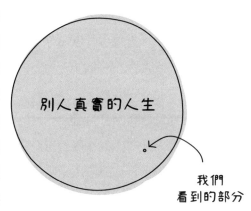

別人真實的人生

我們
看到的部分

我「老超快」。現在，她的工作雖然沒有那麼時尚吸睛，但快樂卻多了許多。

下次你因為一則貼文、一則無心的留言或領英網站上的現況更新而被欣羨之情一擊斃命時，不妨退一步問自己：

- 我怎麼知道這個人不是正在受苦？
- 有什麼成就是我沒放在社群媒體上分享，但其實我頗為自豪的？
- 有什麼事是我分享了會讓別人羨慕的？

最後一件事：有時候你可能會太過沉浸在自己的精選特輯中。如果你分享的每張照片都要套用濾鏡，或是只談論老闆對你的稱讚，最後可能會因為自己沒辦法過上那種無憂無慮的生活而心情不好。不妨仔細想想，你想在公開的內容中呈現出自己的哪

些樣貌，以及為什麼想這麼做，才不會害自己迷失在幻想中。分享精彩好玩的生活近況沒什麼不好，但最好還是要持平報導或調整一下用語，不要讓人覺得你日子過太爽。

4. 愁雲慘霧時請遠離比較的溫床

心情不好時比較容易被嫉妒淹沒。[25] 如果內心已塞了一堆負面思緒，只要看到任何跡象顯示別人過得比較好，你都會將之曲解為自己命中注定要悲慘一生。讀者蘇珊告訴我們，她心情低落時會特別在意朋友的成就，進而自覺挫敗不已且能力不足。「我會細看別人的領英個人資料，滿腦子想的都是他們多有成就。」

建議各位在低潮時遠離任何可能觸發「向上比較」的情境，也就是你可能會過度拿自己和那些在某些方面「贏過」你的人比較。女演員凱茲・大衛（Cazzie David）在一場訪談中分享到：「每次上 Instagram，我感覺像每分每秒都在和那些生來讓我難過的人交際來往。[26] 前男友的每位新女友都有著令我羨慕不已的事業，像是凱莉・詹娜（Kylie Jenner）。」

當然，只想躺在床上耍廢時也最容易手機滑不停。臉書資料顯示，使用者分手後花在平台的時間多出了百分之二百二十五。[27] 這項行為還會讓人倍感孤單：「休士頓大學的研究人員發現，心情不好時上社群媒體通常會讓你用失真的觀點去看待朋友的生活，進而使你在內心痛苦時更感孤立無援。」[28]

最好的辦法是為自己設下適當界限。列出會觸發向上比較的朋友、平台或地點，然後擬定應對計畫，提醒自己在心情低落時遠離這些人事物。許多讀者都表示，他們會要求自己只能花固定時間（例如每天十五分鐘）在社群媒體上。你也可以在手機上為特定應用程式設定螢幕使用時間。

5. 擴大比較的基準線

如果看見一位朋友達成個人里程碑，你可能會覺得自己的人生已遠遠落後，但如果你再多想想十或二十位朋友熟人，或許就會發現一堆人都和你在同一艘船上，甚至很樂意與你同行。

莉茲在二十歲初頭時開始學畫，結果她當時不是拿自己的作品和其他初學者較量，反而是和職業藝術家相比，這些人不只上過藝術學校，而且已花了多年時間將技藝臻至完美。我們時不時都會落入這種陷阱。研究人員在一項實驗中請參與者評估個人的跑步能力，結果發現受試者都自動把自己和他們腦海中最棒的跑者相比，所以自覺不是很會跑。

研究人員接著請受試者列出他們有私交、排名前十的跑者。結果在試著找出第七或第九名熟識的跑者時，受試者突然間感覺好多了。當這些受試者和更多人比較時，原本存在於自己與他們認定的「優秀」標準之間的巨大鴻溝便消弭於無形。[29]

心理學家也發現，當你感受到無法容忍的剝奪感時──無法

得到想要的東西並因此陷入絕望深淵——擴大視角即可緩解這種情緒。[30] 下次你真的極度渴望別人擁有的東西時，不妨將「我為什麼沒有那個？」換成「我擁有的是否足夠？」基本上你會發現，不管渴求的是什麼，就算得不到你也會活得好好的，而且完全不影響你生而為人的價值。[31]

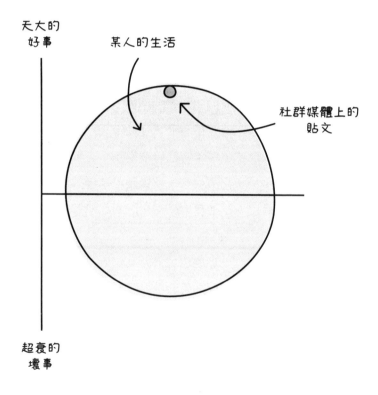

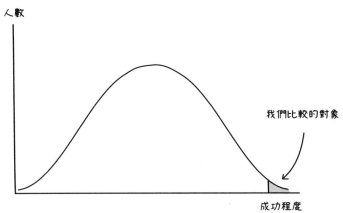

6. 要比就比仔細點

　　想像自己年薪一百萬美元、坐擁高級辦公室很簡單，因為你對伴隨這份薪資而來的責任、壓力和高工時視而不見，但要比就要比仔細點。

　　幾年前莉茲發現一位朋友的朋友獲得升職，很快就要帶領高達二百人的團隊，她滿心妒意，當晚躺在床上輾轉難眠，開始懷疑起自己的職涯選擇。莉茲一直覺得會議馬拉松最討厭了，而且向來比較喜歡「自己動手做」而不是「教別人做事」。帶領百人團隊從來都不是她的志向。

　　但她還是難以入眠，自怨自艾沒當主管一事。然後她心想：「我要為了嫉妒別人、推翻自己的一切計畫嗎？難不成這麼長一段時間，我都搞錯自己是誰、想要什麼了嗎？」

　　隔天早上醒來，莉茲肯定自己還是那個不喜歡開會的人，而

且完全不想和那位新上任的熟人交換角色。她其實一點也不渴望當一堆小主管的大主管和日復一日地工作，她只是喜歡宣布重大驚人成就的那種優越感和社會認同感。

　　仔細思考生命中一天的樣貌後，莉茲清楚知道自己根本不用轉換事業跑道，而是應該繼續朝目前的方向前進，尋找更多曝光機會。試著了解自己其實並不想要像朋友一樣的豪宅，只是嚮往豪宅代表的魅力或象徵的財務穩定，這是不錯的練習。

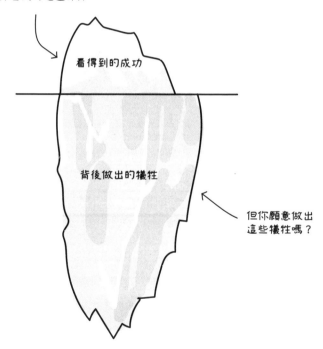

你看到的是這部分

看得到的成功

背後做出的犧牲

但你願意做出這些犧牲嗎？

　　同樣身為律師，克莉絲汀因為看到朋友成為企業律師的收入而有些眼紅，但她也試著比較自己和其他人的生活細節。她想到自己每天的工作有多大意義，以及不用犧牲社交生活、每周工作七十幾個小時，馬上了解自己正走在實現夢想的正確方向上；她是真心喜愛在公家機關工作。

　　你也應該考量比較對象的經歷和付出的努力。讀者艾雅大四在找工作時，經常一聽說誰誰誰拿到了超棒的工作，就覺得心情不美麗。有天下午，朋友很興奮地跟艾雅說，她找到在美國國家航空暨太空總署的工作了。艾雅感覺那醜陋無比的嫉妒心冒了出來，直到朋友接著說：「應徵了九十份工作後，我終於可以放鬆心情了。」一語驚醒夢中人，艾雅驚覺自己目前才不過應徵了幾份工作而已。她告訴我們：「我們很容易看到別人的成就，卻看不見背後付出了多少努力。」[32]

　　總的來說，下列問題可以幫助你在比較時擁有更全面的觀點：

- 那種生活的一天會是什麼樣子？
- 那種生活的哪些部分是我想要的？
- 那種生活的哪些部分是我不想要的？
- 這個人有哪些經歷？
- 我之所以和別人比較，是因為心中有個改良版的自己？或是因為其他人對我的期望？
- 我願棄放棄現在生活中的美好事物去換取那種生活嗎？

7. 比較自己的現在與過去

你或許不一定總是能趕上自己設定的進度，但通常也不會一直在原地打轉。只要停下腳步，好好盤點自己的成就和因此習得的技能，就能為自己的進展感到驕傲，且不再受惡性嫉妒所苦。[33]

讀者伊莉莎雖然一直熱愛山林，這輩子卻幾乎不曾嘗試過跑步或健行，因為她覺得氣喘問題會害她比不上別人。在快三十歲時，她終於決定要踏出第一步了，即使速度比大多數的人都要慢也沒關係。她告訴我們：「我永遠沒辦法像其他人一樣快走，因為肺活量不夠，所以一定會走得比較慢，不過我只需要、也只應該和自己比。」伊莉莎的堅持不懈和全新思維沒有白費：她在三十歲生日前完成了健行五天的壯舉。[34]

養成自我比較的習慣很簡單，只要每個月結束前花幾分鐘的時間反思下列問題：

- 過去幾個星期我學到了什麼？
- 我遇到了哪些困難？現在的我會用什麼不同的方法因應？
- 我在哪些方面有進步？

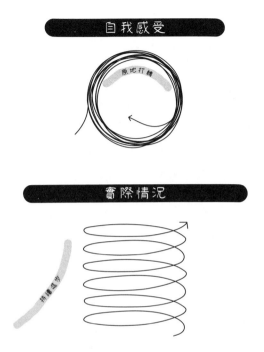

不要忘了，所謂進步，最重要的部分在於學到東西。你或許正要換個地方重新來過、轉換事業跑道或結束一段關係，但不代表你又倒退了好幾步，而是帶著經驗再次出發。

ele

與他人比較是無可避免的，但只要運用上述建議，或許就能學著善用比較的力量。最佳方針是在向上比較（觀察過得比你好的人）和向下比較（觀察過得比你差的人）之間取得平衡。最後

切記，我們看到的只是冰山一角，別人的生活在 Instagram 上或許看似完美，但私下可能也在拼命解決不為人知的困境。

好用建議

- 刪除 Instagram 不會解決你的比較慘劇。
- 善用欣羨之情找出自己真正重視的價值……。
- ……然後制訂計畫、採取行動。
- 愁雲慘霧時請避開比較的溫床。
- 切記：你看到的只是別人的精選特輯。
- 擴大你的比較基準線，而且要比就比仔細點。
- 回顧克服過的困難，肯定自己的進步。

第三章

憤怒

憤怒是為了捍衛權利與價值……
不管你喜不喜歡,都會在怒火中看見真理

索拉雅·奇梅利 (Soraya Chemaly),作家

莉茲：小時候我幾乎從未看過爸爸踏進廚房。雖然他對我一直是支持不遺餘力，但在性別角色方面卻十分傳統。他對我說：「男人不用煮飯或打掃，那是女人的工作，女人天生就是要生小孩和照顧家人。有天你會渴望有丈夫和小孩勝過任何事，這是很自然的事。」

我根本聽不下去。人生唯一的目的就是照顧一位男子與一群不斷尖叫的半獸人？想得美。我絕對不會成為「某太太」，也不打算為了老公孩子放棄自我。我不服氣地想：「你們等著瞧吧。」

幾十年後，二十八歲的我遇到了馬克欽。第一次約會時，他隨意做了碗生菜沙拉，然後把青醬拌進他剛煮好的義大利麵中。晚餐後他負責打掃，我幫忙洗碗。我很喜歡這樣的他。

我們當了整整四年的男女朋友，直到有天他單膝下跪向我求婚，我從沒想過自己會開心成這樣。我準備要結婚了，卻不覺得在這個過程失去了自我，並打從心底感到幸福。

然後大家就開始指手畫腳了。

「恭喜你說服他定下來！」

「太棒了，你超幸運唉！麥森考夫太太聽起來很不錯喔。」

「你很快就會生小孩了，我建議剖腹產，我所有自然產的朋友下面都毀了。」（說這句話的人我根本不熟）

起初我試著告訴自己，大家只是為我開心，沒有任何惡意，但很快就發現，沒人對馬克欽說這些莫名奇妙的話。大家只對他

說：「恭喜啊！」然後就換下個話題了，沒人會說「你真幸運」，也沒有不請自來的育兒建議。

　　每次發現馬克欽不用忍受那些關於婚禮和嬰兒的對話，一股怒意就油然而生，而且就算我試著解釋自己沒打算從夫姓，或把懷孕生子當成首要之務，大家也都不把我的抗議當回事，真的是氣炸我了。

　　「我老婆本來也是保留原姓氏，後來生了孩子，就同意一家人應該要同姓才對。你之後就會想通的。」

　　「對，一定要好好享受蜜月期。孩子出生後就沒自己的時間了！你打算何時開始試著懷孕啊？」

　　我氣到七竅生煙，難道我爸說的沒錯？結了婚「莉茲」這個人就不存在了嗎？突然間大家似乎都認定我即將成為別人的太太和母親，其他什麼也不是。不僅如此，雖然沒人明說，但大家好像都覺得我應該滿心歡喜地放棄自己的一切身分認同，不這樣好像就是個不合格的未婚妻和糟糕的女人。

　　「終於把自己嫁出去了，你一定鬆了一口氣吧！」

　　「你要開始為婚禮減肥了嗎？」

　　我沒有任何頭緒，只知道我已氣瘋了，不管是對這些評論、對自己居然答應結婚，甚至是連馬克欽都遭到池魚之殃。

一九七七年，心理學教授詹姆士・艾佛瑞爾（James Averill）感到萬分挫折，他認為其他學者對憤怒的解讀錯得離譜。當時他參加了一場研討會，在座其他研究人員都把憤怒視為沒有任何用處的本能，應該要被壓抑。但倘若憤怒沒有任何重要性可言，為什麼大家都有這種情緒？

為了測試他的直覺，艾佛瑞爾教授決定針對附近城鎮的居民進行問卷調查。他設計了一份長達十四頁的問卷，上面的問題包括「回想過去一周你感到煩躁和／或憤怒的次數」，並請受訪者回答提示問句，像是「憤怒的時候，你是不是想要處罰或報復對方？」艾佛瑞爾教授知道，叫大家回答這麼多個問題並非易事，甚至預計大多數的受訪者會直接把問卷丟掉。

大錯特錯。

他數十年後對《大西洋》雜誌說：「這是我做過成效最好的問卷調查，有些受訪者甚至附上了感謝紙條，很開心有人願意和他們聊聊憤怒的情緒。」[1]

艾佛瑞爾教授的問卷調查有二個重大發現。其一，多數受訪者表示每周會感受到輕微或中等程度的怒意（而且一天當中發生好幾次是常態）。其二，他發現當人們生氣時，反而更會想辦法改善所處的困境，這項發現跟其他研究同仁的主張背道而馳。

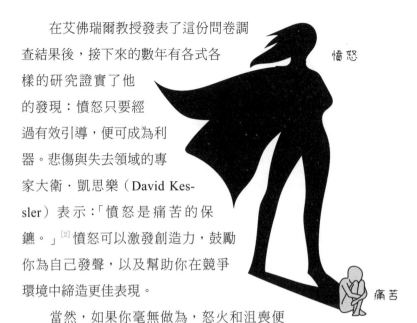

在艾佛瑞爾教授發表了這份問卷調查結果後，接下來的數年有各式各樣的研究證實了他的發現：憤怒只要經過有效引導，便可成為利器。悲傷與失去領域的專家大衛‧凱思樂（David Kessler）表示：「憤怒是痛苦的保鑣。」[2] 憤怒可以激發創造力，鼓勵你為自己發聲，以及幫助你在競爭環境中締造更佳表現。

憤怒

痛苦

當然，如果你毫無做為，怒火和沮喪便可能將你吞噬殆盡。我們將在本章破解有關憤怒的四大有害迷思，並提供多項策略來助你找出憤怒背後未解決的需求。我們會提供如何有效傳達自身感受的策略，向你證明憤怒有時可以是解放自我的關鍵。

憤怒的迷思

迷思一：你應該壓抑怒氣

小時候爸媽和其他大人經常對我們說不要再生氣了！而且雖然性別規範一直在改變，但相較於男生，女生更容易聽到這句

話。憤怒通常都被視為特別醜陋且不像女性的情緒。

除此之外，我們很早就學到非理性暴力通常與「憤怒」如影隨形，因此以為當我們火冒三丈時，會展現出最糟的一面。讀者卡拉和我們分享她在菲律賓的童年記憶：「奶奶和我說，怒氣會傷人。我不確定她指的是人在發火時可能會動手打人，還是會害別人傷心，但我相信兩者皆是。」卡拉這輩子每次動怒時，幾乎都會試著壓抑怒氣，但沒成功過幾次。最後無可避免地一定會大爆炸，而且在怒氣衝天時都會說出「我從沒想過自己會脫口而出那麼可怕的話，所以過去我超討厭發怒的自己。」[3]

不論你信不信，但卡拉這種非黑即白的處理方式遠比我們想像常見，因此我們不能再繼續選擇跟憤怒硬碰硬了。憤怒其實是演化機制在呼籲我們「做些什麼來改變現況啊！」當你感覺快要發火時，神經學家道格拉斯・費爾茲（R. Douglas Fields）解釋：「那是你無法控制的自然反應。大腦無意識地接收了大量資訊，並判定你的處境有危險，因此讓身體做好應對準備……而大腦只能透過情緒來讓我們察覺到這整個迴路反應。」[4]不妨將憤怒看作不定時響起的鬧鐘，專門用來提醒你遠離有害環境。

在許多情境下，憤怒甚至可以是同理心的一種樣態。哲學教授姆伊莎・切里（Myisha Cherry）指出，憤怒經常是在「展現對受壓迫者的同理心，並希望世界更美好。對種族不公的憤慨讓人們亟欲改變現況。」[5]在一九八一年一場著名的演說中，作家奧

德雷‧洛德（Audre Lorde）也談到了「善用憤怒」（The Uses of Anger）這個主題：「女性的憤怒就是最強大的軍火庫，可以有效對抗來自個人或體制的壓迫，而這些壓迫便是使人憤怒的主因……憤怒滿載著資訊和能量。」[6]

不僅如此，壓抑怒氣通常都是做白工。更慘的是，當我們假裝沒關係時，怒氣經常會惡化成更嚴重且棘手的情緒，像是憤恨或仇恨。作家歐各思坦‧柏洛（Augusten Burroughs）如此描述這個可怕的質變：「憤恨就像希望尋求補償的怒意，是要付出極高利息的情緒，新出現的憤恨會不斷加疊至先前的憤恨之上。許多長年的婚姻毀於一旦，都是因為某些微不足道的不滿從未適當表達出來，逐漸滋長成一種頑強難纏的恨意，而恨意便是極其強烈的憤怒。」[7]也就是說，如果你看到伴侶「沒用正確方式」將碗盤

放入洗碗機，突然有股怒火油然而生，這就是你應該探究背後原因的警訊了。

迷思二：我們可以正確判斷誰在生氣

我們可能以為自己有能力分辨別人是否在生氣，但研究顯示，刻板印象和偏見經常會蒙蔽判斷力。研究人員發現，男性面孔從嬰兒時期開始就比較容易被視為顯露出較多的怒意，即便實驗參與者相信男性和女性受觀察對象當下生氣的程度是一樣的，也不例外。[8] 但二〇一五年和二〇一八年的研究發現，女性基本上都比男性來的憤怒。[9]

與憤怒有關的種族刻板印象則更加惡劣。網球選手小威廉絲（Serena Williams）在二〇一八年的美網公開賽中，與主審有言語上的爭執，結果遭罰一萬七千美元的最高罰金。[10]「輸不起的小威廉絲」（*SERENA ACTED LIKE A SORE LOSER.*）《紐約郵報》在新聞標題中如此指責她。[11] 但反觀諾瓦克・喬科維奇（Novak Djokovic）這位塞爾維亞籍的白人男性選手，也曾在二〇二〇年的同場賽事中，因發球失分和主審爆發衝突，盛怒之下朝線審的方向擊出一球，正中線審喉嚨，因此被判失去比賽資格。結果《紐約郵報》（出自同個編輯之手）的報導標題則是「對喬科維奇的過度處罰是美網公開賽的一大損失」（*NOVAK DJOKOVIC'S EX-CESSIVE PUNISHMENT IS TERRIBLE FOR US OPEN.*）。[12]

　　從國家層級來看，學校行政人員因感受到敵意，所以對黑人學生的懲處向來比對白人學生來得嚴厲。研究顯示，國高中的黑人男孩跟白人男孩相比，比較容易被視為「麻煩人物」，就算兩者的行為如出一轍。[13] 而與白人女孩相比，黑人女孩遭到停學的機率是五・五倍。[14] 另一項研究更顯示，相較於一般整體研究樣本來說，黑人女性在面對批評或覺得不受尊重時，比較不會表達憤怒，很可能就是不希望被貼上「黑人女性愛生氣」的標籤。[15]

　　另外，大家對亞裔美國人的刻板印象則是沉著冷靜，鮮少大動肝火。[16] 專攻文化與種族研究的教授馬楠（Nan Ma）寫道：「主流美國文化不太能夠想像憤怒亞裔美國人的形象。」[17] 尤菲爾（Phil Yu）是名部落客，專門撰文討論與亞裔美國人有關的議題，他將部落格命名為「憤怒的亞洲男人」（Angery Asian Man），就是為了對抗無所不在的刻板印象：亞洲人都很安靜且被動。他寫道：「憤怒的亞洲人是反抗意味濃厚的概念。大家通常不會把這二個詞擺在一起，所以我的部落格名稱就是赤裸裸的挑釁。」但也不僅僅是為了挑釁而已，這個名字反映出無法否認的事實：「許多亞洲人……非常勇於發聲，也願意為了會影響到亞洲社群的議題大動肝火。」[18]

　　這主題還有許多值得深入討論之處，我們鼓勵大家前往 p.307 查看憤怒相關資源。

迷思三：發飆會讓人感覺好些

發飆或許不如我們想的有效果，包括那些長久以來被視為是宣洩強烈情緒的方式。在一九八〇年代，你甚至可以買到一種叫做「洩憤拳擊沙包」的玩具，讓你可以在情緒爆炸、「覺得自己實在太想揮拳」的時刻使用，沙包前面甚至還有個塑膠口袋，想打爆誰就把那個人的照片放進去。[19] 當時你還可以付錢去參加「抓狂教室」，在裡頭盡情地揮舞球棒、砸爛電視和餐盤。[20] 失控抓狂把牆壁砸出一個大洞也是司空見慣的事。

但研究顯示，這種「破壞療法」反而會導致怒氣更加高漲，而不是有所減少。[21] 心理學家布拉德‧布希曼（Brad J. Bushman）研究了這些使用拳擊沙包洩憤的受試者，結果發現「什麼也不做更能有效」消除怒氣。[22] 醫學上也證明，帶著怒意揮拳會使心臟病發的風險提高八倍。[23]

當你透過發飆來表達憤怒，很可能會造成永久的傷害，而且還會養成壞習慣。每次生氣都在客廳牆上留下一個洞實在沒啥幫助，就算只是大聲咒罵也可能會嚇到或傷害到其他人。在盛怒之下脫口而出的話就像擠出來的牙膏一樣：是永遠收不回的。

不斷發牢騷指的是一直用不同方式抱怨同樣的老問題，卻不試著了解與解決問題，經研究證實會導致自己和聽你抱怨的人感覺更糟。[24] 讀者寶拉和我們說：「我終於開始克制自己和同事講垃圾話的頻率了。我發現把時間用在學習或提升自己反而會開心許多。」[25]

迷思四：特殊事件才會引爆怒火

　　沒錯，特殊事件確實會引爆怒火。許多讀者告訴我們，他們曾因各種微不足道的小事而爆炸，像是無線網路不穩、包裝拆不開、冰淇淋太硬害湯匙彎掉、老闆寄來只有一個問號的電子郵件、另一半問晚餐何時會好。

　　但導致我們爆炸的微小火花通常源自於某個導火線。問號信件讓人爆炸是因為老闆數個月以來居高臨下、粗暴無禮的行為。或是舉一個更大規模的示例：當布雷特・卡瓦諾（Brett Kavana-ugh）確定當選為美國最高法院大法官時，民眾群情激憤（《紐約》（*New York*）雜誌下的標題是「女性民眾對卡瓦諾的聽證會感到憤慨不平、痛心疾首」（*WOMEN REACT TO KAVANAUGH HEAR-ING WITH RAGE AND PAIN.*）[26]），原因是他的素行不良，而且他象徵著數世紀以來，女性遭受性騷擾與性侵卻不被重視的問題。

引爆怒火的煩人事件

置之不理的那些事

　　道格拉斯・費爾茲在其著作《為什麼我們會怒氣沖沖》（暫譯，*Why We Snap*）中提及：「慢性壓力會實質改變大腦中的憤怒迴路。」[27] 如果你被困在不健康的環境或持續承受莫大的壓力，腦中的保險絲就會變得超短。每天經歷的長期壓力與恐懼會耗盡情緒資源，導致就算是最微不足道的挑釁也能使你大發脾氣。[28] 當你日復一日做著不開心的工作，就會變得特別容易在星期天吃早午餐時對另一半或朋友爆氣。

　　沒錯，某件事情可以是你生氣的正當理由，但請仔細檢視自己的憤怒，試著更全面地了解心中那把火已經燒了多久。我們將在接下來的章節中教各位如何檢視內心。

ele

　　莉茲：有次我和朋友卡莉去散步，我滔滔不絕地抱怨訂婚後如潮水船湧來的各種評論。當我終於吐完苦水時，她問：「馬克欽有要求你改姓嗎？」

　　「沒有，」我老實承認。

　　「他有期望你突然把滿足他的所有需求當成人生使命嗎？」

　　我想了一下，搖頭說：「沒有。」

　　「好喔，那他會希望你馬上懷孕生子，或是有孩子就辭掉工作嗎？」

「沒有，他喜歡聽我講工作上的事。」

卡莉搖了搖頭：「看吧？結婚或生小孩不代表你要放棄自己在乎的所有事。我認識一對夫妻，他們的座右銘就是『自己第一、夫妻第二、孩子第三』，你和馬克欽可以自由決定要怎麼生活。」

開車回家的路上，我很訝異自己心情輕鬆了許多。過去幾周我在某些時間點上，甚至開始把馬克欽和婚姻當成敵人，但我們的感情明明就很順利美好。我氣的是那些外力，而且很怕我以及我們的關係會因此受到荼毒。當我終於想通馬克欽才是我的伴侶，可以一起設定界限、打造彼此都覺得公平的生活，我如釋重負。

卡莉說的沒錯：馬克欽從未——未來也不太可能會——逼我成為另一個人、改姓或放棄事業，就算有小孩也是一樣。他一而再、再而三地向我保證並證明，他愛的是我身為莉茲的一切，也深愛我看重自己的所有。

當晚，我和馬克欽坐在一起，打開 Google 文件，然後開始列一份標題名為「我們深愛且不願放棄的個人特質（和行動項目）」清單。

我們聊了好久好久，細細討論我在氣什麼。我們從轟炸式的寶寶問題開始。在 Google 文件中，馬克欽輸入「莉茲不希望別人和她的對話只有婚禮和寶寶（如果／當莉茲懷孕了，馬克欽會負責回答所有寶寶相關問題）。」接著我們討論到，我很確定自己想繼續目前的工作和手上的創作專案。

我們在文件中寫道：

- 馬克欽和莉茲都想繼續工作（我們會找出照顧小孩的方式）。
- 節儉是最高原則（莉茲不會瘋狂買一堆可愛、但只會用一次的嬰兒用品）。
- 我們會視需要給彼此獨處時間。

最後，我們談及每次都讓我發飆的改姓問題。我想繼續被稱為莉茲‧佛斯蓮，象徵我即便結婚了還是個獨立個體，依然可以做自己。

「感覺好些了嗎？」馬克欽問我，我關上電腦，把他拉了過來，回說：「好多了。」

應對辦法

索拉婭‧希梅利（Soraya Chemaly）在其著作《憤怒成就女性》（暫譯，*Rage becomes Her*）中寫道：「憤怒就像水流一樣，不論我們多努力想要防堵、轉移注意力或假裝沒這回事，它都能找到方法湧出來。」當我們內化或壓抑憤怒的情緒太久，它就會「在我們的外貌、身體、飲食習慣和關係中一點一滴地顯露出來，引

發自尊低下、焦慮、憂鬱、自殘和實際生理疾病等問題。」[29]

接下來我們將協助各位進一步認識自己的引爆點與生氣傾向，然後說明不同策略，教大家有效辨識與處理憤怒背後沒被滿足的需求。目標是賦予各位力量去應對（不是單憑直覺反應）那些會讓你靠夭生氣的事件，進而避免摔椅子、甩門這種慘劇一再發生，害你事後又悔不當初。

1. 找出特別容易引爆怒火的地雷

想好好處理怒氣，首先你要找出確切是什麼事情會把你逼瘋。你的地雷可以是事件（未獲升遷的原因不公平）或條件（一段時間沒進食）。如果想不太出來，不妨問問看住在一起或愛你的人，他們一定知道。像是莉茲的丈夫就馬上回答：「你覺得想法遭人扭曲，或是有人在你旁邊嚼口香糖。」

我們的朋友坎蒂絲常常覺得爸媽只聽她哥的話，就算她才是比較合情合理的那個人，而且活動和旅行規畫這種事基本都落在她頭上。她和我們說：「這是我最大的雷點。每次只要我覺得有人無視我或不把我的建議當一回事，我就會翻臉。」坎蒂絲光是承認自己的地雷，就能有效幫助她在當下控制情緒。她解釋到：「我以前真的很不擅長察覺自己的情緒已在暴走邊緣，現在會及時覺察自己的狀態，然後盡量不要太過激動。」[30]

以下是常見的地雷：

- 覺得自己講的話沒人聽
- 覺得決策過程不公平
- 處於焦慮狀態
- 有人叫你冷靜點
- 有人打斷你講話
- 有人做了會影響到你的事卻沒徵取你的同意
- 有人叫你去做你本來就打算要做的事

　　辨識自己的地雷有於預期自己何時會血壓飆高，就比較不會進入科學家所稱的杏仁核劫持（amygdala hijack）狀態，也就是一種立即且高強度的情緒反應。被杏仁核綁架時，我們很容易說出或做出後悔莫及的事。

　　幾年前，我們的朋友傑克看見隔壁車道的駕駛把整袋的食物包裝紙丟出車窗外。紅燈時傑克剛好停在那輛車旁邊，他便搖下車窗大吼：「去你的，不要亂丟垃圾！」對方駕駛看起來超火大，準備走下車來理論，好險這時綠燈了，傑克就趕緊踩油門跑掉。回想起這個故事，傑克一臉慚愧：「我失控了，差點害自己捲入公路暴力事件。」

　　我們建議各位寫下一周的發火記錄，就像日記一樣記下自己感到挫敗沮喪、煩躁易怒的那些時刻。你可以從這項練習中找出

自己的行為模式，然後想出一些方法幫助自己度過那些時刻。日記法讓讀者傑西發現，自己在疲倦時特別容易發怒，所以他就知道，如果在半夜突然對某件事很生氣，其實不需做出任何反應，只要上床睡覺就好。（補充說明：我們超討厭「不要帶著怒氣上床」這句話，生氣時就是要趕快睡覺！有時就只是睡眠不足而已。）

2. 了解自己的憤怒表現傾向

除了地雷外，大家還可以試著了解自己的憤怒表現傾向。（如需「憤怒表現傾向評估表」，請見本章末。）以下是最常見的幾種憤怒表現傾向。

憤怒壓抑者：你會急忙壓抑怒氣（通常是無意識的行為），而且有事惹你生氣時，就算錯完全不在你，你還是傾向於自責。在某些情況下，因為怒氣已經強烈到讓你極度不舒服了，導致你無法好好感受，反而會以其他情緒取而代之，像是悲傷或愧疚。壓抑憤怒經常也會導致焦慮和憂鬱，而且和高血壓與血壓過高問題有所關聯。

如果你習慣壓抑怒火，不妨練習用你覺得安心的方式去溝通。可以從小地方做起，像是請另一半不要把洗碗槽塞得太滿。當莉茲在學著講話更堅定有自信時，她發現下列公式特別適合用來溝通會讓你發怒的問題：

對方的行為＋對你的負面影響＋你的感受

舉例來說，莉茲會說：「你在簡報會議上打斷我講話，導致我沒辦法總結正在分享的內容，讓我感覺不受尊重。」這項策略聽起來很簡單，但不一定每次都能成功執行！許多讀者和我們說，空一段專屬時間給另一半、朋友或工作團隊是很有效的方法，大家可以一起想辦法解決目前遇到的挫折。舉例來說，有個團隊每星期五都會舉行一場回顧會議，讓每位成員有機會分享一件當周進行順利的事和可改進的地方。

憤怒投射者：你經常以具攻擊性的方式表達憤怒，不管是對他人或對物品。你大發雷霆時可能會動手（像是甩門）或動口（口出惡言、講髒話、冷嘲熱諷）。

我們的目標是拉長被踩到地雷與實際做出反應的間隔，讓你有時間冷靜下來。建議使用心理學家所稱的「TIPP 技巧」，也就是降溫、激烈運動、規律吸呼與逐步肌肉放鬆。大腦會將生理反應轉換為情緒，所以只要有意識地減緩身體的生理反射，大腦就會冷靜下來。在臉上潑些冷水、做十下開合跳、深呼吸幾次，然

後反覆繃緊、放鬆肌肉，都能達到這個目的。[31]如果你無法馬上離開事發現場，也可以說「我現在情緒有點激動，請給我一點時間」這類的句子。讀者雅蓮卡為了不要衝動行事，她通常會說：「我想晚點再談這件事。」

憤怒控制者：你會用盡一切辦法保持冷靜，即使你已經氣到七竅生煙了。你用全付心力在監看與控制自己的表達方式，而不去了解憤怒試圖傳達的訊息。你可能會無法正確理解這些情緒，而且習慣直接走人，不去處理那些怒氣。

　　想辦法好好與憤怒相處，像是對自己說：「我心情不好，沒關係的」這麼簡單的話語也行。你還可以學著辨別並了解自己的感覺，同時放下自我批判的習慣。你可以透過填入這個句子中的空格「現在我感覺 ＿＿＿＿＿，因為 ＿＿＿＿＿ 」，試著探索引發情緒的源頭。

　　憤怒轉換者：你擅長解決怒氣的方式是辨識並了解背後更深層的需求。你會使用冥想、呼吸練習和耐心等技巧，以有效率的方式逐步消化怒火，而不是一直隱忍不發。你清楚知道憤怒有助於頭腦清明、身心健康（因為不會將憤怒投射到他人或自己身上）。

　　如果你是憤怒轉換者，那就保持下去吧，只要注意自己有沒有開始用較不健康的方式表達憤怒，以及自己的爆點是什麼就好。

ele

　　每個人表達憤怒的方式通常是受到原生家庭養育方式的影響。有些人的家族是用大吼大叫的方式表達怒氣，所以他們的表達方式也是以此為模型；有些家庭則是讓人覺得生氣是不安全的事，或是只有某個人才有權利生氣。

　　莫莉還小時父母便離異了，當時她總覺得自己有責任扮演和平大使，並學會了壓抑憤怒。但她知道表達怒氣對經營關係來說很重要，所以她和先生克里斯（Chris）每個周日都會找時間確認彼此狀況，分享過去一周兩人覺得關係不錯的地方、哪些部分可以做得更好，以及各自的生活中有沒有發生什麼特別的事。如果

雙方都習慣避免衝突，或是忍耐到極限才會爆炸，每周分享時間就像是個安全空間，彼此可以互相給予回饋，並在問題沒有惡化前先下手為強，以免事態惡化。

不同文化表達憤怒的方式也不盡相同。艾琳‧梅爾（Erin Meyer）在其著作《文化地圖》（*The Culture Map*）中指出，俄國人和以色列人一般來說比較習慣面對衝突，但在日本或瑞典長大的人反而傾向於避開衝突。我們發現就連在美國，不同地區的人也會有不同反應。在紐約市你常常會聽到有人在街上相互咒罵，但在美國南方如果你聽到別人說「不用為了我趕時間」，其實就是在嫌你動作太慢了。[32]

最後重點：女性通常位於憤怒傾向光譜中最被動的那端。男孩在社會化的過程中是被允許表達憤怒情緒的（不管是用講的或用競爭的方式），相較而言女孩則是被鼓勵要去理解他人的立場。也就是說，成年後的女性常會壓抑怒氣，有時甚至沒意識到自己的行為。對女人來說，哭泣經常生氣的徵兆，因為女性被教育不要用發怒或大吼的方式來表達憤怒。[33] 對男人來說，憂鬱反而常以憤怒的形式顯現，因為社會告訴他們要避免流露出悲傷的情緒。[34] 女人或許需要想辦法培養作家奇梅利所說的「憤怒能力」，她寫道：「我想要掌握我的憤怒，因為憤怒讓我找回自己，並使我思緒清晰、方向明確。」[35]

3. 相信自己受到冒犯的感受

　　現在你更明白自己發怒的時機和原因了，接著可以來談談生氣的當下該怎麼辦。首先，你要允許自己生氣。因為我們接收到許多訊息都說憤怒是不好，所以常在情緒剛出現時就急忙把它撲滅，即便當下的情況我們明明就有權生氣。

　　我們的朋友格里芬在一間海外大型跨國企業工作，當時他受邀和團隊一起午餐。正當他們一行人走進電梯要離開辦公室時，一位副總裁突然把手伸進他扣得好好的襯衫中，一邊用手指在他胸膛上摸來摸去，「小 Gay ！小 Gay ！小 Gay ！小 Gay ！」這位副總裁一邊戲謔地喊著，一邊還慫恿其他人加入。

　　格里芬整個下午都在試著克服心中的羞辱感和困惑感。他和我們說：「我成長的環境從來不准我們發脾氣或抱怨，對象是工作或他人時更是如此，所以我都直接跳到焦慮和羞愧。」[36] 他在腦海中反覆播放當時的情況，試著找出自己做了什麼才被如此對待。他心想：「我是同性戀，跟別人都不一樣，或許搞不清狀況的是我才對。」但當他終於鼓起勇氣和朋友講了事發經過，朋友嚇傻，直接說：「這就是性騷擾啊！」

　　當侵犯實際發生時，你絕對有權利感到憤怒。直接發飆可以強化自我意識，讓你更有勇氣為自己發聲。二〇二一年三月，一位男性在亞特蘭大射殺了八人，其中有六位是亞洲女性，結果一位當地警官說，這位犯人的行為只是因為「他今天過得很糟」。[37]

這個發言導致群情激憤，原因有二。其一，當地警方將這位男性殺人殺手的惡行講得如此輕描淡寫；其二，這起事件反映出美國整體社會習慣淡化亞裔美國人的遭遇。作家珍妮佛・李（Jennifer Li）在一篇寫給亞裔女孩的文章中寫道：「亞裔美國人的經歷與聲音再三地被貶低與忽略，我希望各位記住，表達情緒不是任性妄為或有失體面的行為。你們有生氣的權利，憤怒是自然、健康且正當的反應。」[38]

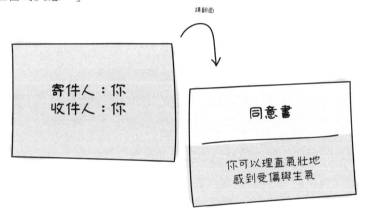

只要承認自己正在生氣——而且明確允許自己有這種感受——就可以達到宣洩情緒的效果。卡拉告訴我們：「光是對自己說『我很生氣』，不管是在腦海中或大聲說出來，就會讓我感覺好上許多。承認自己的感受就等於接納了之前被我討厭的部分自我。」而且她發現相較於之前草率壓下怒氣的做法，這樣反而可以更快讓心情好轉。

4. 辨識並處理憤怒背後的需求

乍看之下

```
● ● ●

▷ 🗀 憤怒
```

仔細觀察

```
● ● ●

▽ 🗀 憤怒
    ▽ 🗀 痛苦
        ▽ 🗀 悲傷
            ▽ 🗀 無力／無能為力
                ▷ 🗀 脆弱
    ▷ 🗀 恐懼
```

　　想要辨識情緒背後的特定需求，不妨寫一封不會寄出的憤怒
信。下列問題或許可以幫助你釐清讓你怒氣高漲的原因：

- 什麼事惹你生氣？

- 之前發生了哪些事導致現在這個情況？

- 藏在怒火之下的感受是什麼？

- 我現在該怎麼做才會感覺好些？
- 什麼樣的長期結果會讓我感覺好些？
- 我該採取哪些行動來達成上述結果？
- 在這些行動中，要面對的風險和可獲得的好處是什麼？

　　你必須妥善梳理憤怒的情緒，否則可能會帶來更多傷害。也就是說，建議你在採取重大行動前，先給自己時間冷靜下來。氣頭上的人不太能夠好好思考對策，所以在心跳狂跳或雙拳緊握的時候，最好暫停幾分鐘不要動作。莉茲已學會用分級方式來評估自己的憤怒程度，一是煩躁，十是暴怒，她會等情緒降到三或四左右的程度再來採取行動。

　　在表達怒意時，如果可以等到能夠不過度情緒化地討論自己的感受時，就能大大提升成功率。當初聽到醫師死不肯承認他們也有不知道的事時，莫莉怒不可遏，但現在她已學會冷靜地說：「如果你能誠實告訴我，你不知道為什麼我還是疼痛難當，以及什麼時候才能不再頭痛，對我來說會更有幫助。我知道許多患者不喜歡聽到這種答案，但我個人比較喜歡知道真相。」莫莉發現，在剛開始進診間時就清楚傳達自身需求，接下來的對話反而順利了許多。

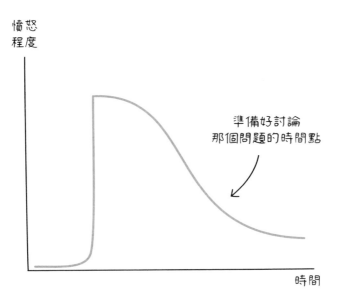

　　如果你是因為他人發脾氣而動怒，或許可以考慮和對方溝通他們的行為對你造成的影響。有次我們（莉茲和莫莉）在主持一場工作坊時，一位女性問說，老闆對她大吼大叫時該怎麼做。另一位學員舉手發言：「我是執行長特助，上司之前也經常對我大小聲，」然後她和整個團隊分享：「就算他生氣的對象不是我，是為了其他事也一樣。每次我都會因此心煩意亂，然後很氣主管為什麼要害我如此煩躁。有天我終於鼓起勇氣對他說：『我知道你現在心情不好，但每次你開罵，我就無法專心工作。』」結果主管向她道歉了，這才發現自己居然在無意間影響到下屬的工作績效，之後發飆的情況就減少了許多。

在溝通自己生氣的點之前，建議先捫心自問下列四個問題：

- 你的目標是什麼？
- 要說些什麼才能達成目標？
- 要用什麼方式去說？
- 說的時機點是什麼？[39]

有時真相是殘酷的，你氣的其實是你無法改變的事，或是你或許有能力改變，但現下無法採取行動；有時則是傷你的人不願承認自己造成你的痛苦。在這些情況下，最好想辦法脫離這種處境，就算沒辦法跑得遠遠的，還是可以用間接的方式來滿足自身需求。

在電梯騷擾事件發生後，格里芬和爸媽與 LGBTQ 社運人士談了許多，最後決定不要採取進一步行動，但也不代表他要繼續在這間公司待下去。格里芬有將近一個月的時間，在半夜二點和其他時區的雇主面試。他和我們說：「我當時是用過度積極來掩蓋憤怒。」近十年後，他才在未婚夫的敦促下和大家分享自身故事，為的是鼓勵大家團結一致、勇敢站出來。

或是以我們的讀者瑞秋為例，她老闆很難相處，在他手下工作令人心累又無力，但員工大多無法馬上辭職。「他不切實際的期望和權威式的領導風格，讓我永遠陷在壓力過大和能力不足的循環當中。」她如是說。瑞秋開始透過一些撇步來增加自信與提升

工作上的自我價值。第一步當然是減少和老闆的互動。「我也開始尋覓良師益友，以及懂我、重視我、不會像老闆一樣貶低我的同事。這麼做可以避免老闆的批評傷到我的自我價值。」[40]

允許自己生氣

給自己時間冷靜

憤怒
秘訣罐

探索自己生氣的原因

想辦法滿足背後需求

表達憤怒

多年以來，莫莉刻意避免讓別人發現自己正在不爽。不管是寄電子郵件給客戶或和房東講話，她都會說「相信你也不樂見這個情況」或是「很希望你可以＿＿＿＿＿，但還是以你方便的時間為

主！」這類的話。

為本章的憤怒主題做完相關研究後，莫莉開始嘗試比較直接的溝通方式。當然，她不會太過失禮，但省下了許多客套話和修飾詞。她開始會說：「家裡的燈一下亮一下不亮的，請問何時可以請人來修？」或是「我不同意這個研究結果，請問根據是什麼？」較為直接的對話風格或許會讓某部分的人不太舒服，但那也不是世界末日。能清楚傳達自己的想法和感受，何樂而不為。

我們大多從未學過使用特定字詞來描述憤怒，但提升自己談論強烈情緒的能力確實有益身心健康。神經學家馬修・利伯曼（Matthew D. Lieberman）發現，將情緒轉換成特定字句有助於大腦宣洩負面情緒。而且經研究證實，「相較於習慣壓抑強烈情緒的人，可以開誠布公地表達自身感受的人比較健康。」[41]

想要練習表達憤怒，不妨試著寫情緒日記，但不要用生氣一詞，改用其他更能精準描述特定情緒的字詞。以下提供幾個範例：

- 不快
- 不滿意
- 惱怒
- 挫敗
- 無力感
- 暴怒
- 氣急敗壞

- 怨恨

- 憤慨

- Backpfeifengesicht：德語，意思大概是「一臉欠揍」。

- huǐhèn：華語「悔恨」的發音，專指針對自己的怒氣。

- kankan：日語「かんかん」的發音，可以是怒氣衝天或火光旺盛二種意思。

- hi fun kou gai：日語漢字「悲憤慷慨」的發音，意指對世上邪惡之事或無法改變之境遇感到憤慨。

- dépité：法語的形容詞，用來形容結合了失望與惱怒的情緒[42]。

5. 善用憤怒的力量

　　布蘭妮·庫珀（Brittney Cooper）博士是羅格斯大學（Rutgers）的教授，她長年以來一直以為，自己必須控制好情緒才能受到尊重，也才不會被貼上「憤怒黑人女性」的標籤。但有天學生跟她說：「我超愛聽你講課，因為上課內容充滿說服力十足的憤怒力量。」[43] 這句話徹底改變了她的心態。庫珀博士真誠流露的情緒才是讓學生專心聽課的關鍵。現在，她認為憤怒是種「超能力」，讓黑人女性「有力量對抗不公不義之事，並能想像與創造出全新的世界。」

　　憤怒可以成為推動個人與社會變革的強大武器。有聽過「不

要憤怒、展開報復」這句話嗎？我們比較喜歡「以憤怒展開報復」。

怒火可以讓我們更清楚自己想要生活在什麼樣的世界。心理學家琳娜・博爾（Dr. Lina Perl）表示：「各種倡議行動都是靠怒火推波助瀾。這些運動並不是為了表達個人的需求或界限，而是一群人試圖設定明確界限。」[44] 以「ME TOO」運動為例，正是女性憤慨怒火所帶來的成果。自從女演員艾許莉・賈德（Ashley Judd）公開控訴電影製作人哈維・韋恩斯坦（Harvey Weinstein）性騷擾後，許多女性都站了出來訴說自己的類似經歷。她們的動力源自於憤怒，而她們的憤怒則代表著彼此與共同的受苦經歷。唯有憤怒可以擊倒被恐懼餵養的沉默。

在一九六三年三 K 黨炸彈攻擊一間阿拉巴馬州伯明罕市浸信會教堂（Baptist Church）的事件發生後，歌手妮娜・西蒙（Nina Simone）氣炸了，她說：「我想過要去殺了那些人。」她先生鼓勵她將這股滔天怒火導向她最擅長的事，於是她寫了《天殺的密西西比》（*Mississippi Goddam*）這首歌，後來成為民權運動時代中最為耳熟能詳的抗爭歌曲。[45]

只要懂得善加運用，憤怒其實可以提升自信，並讓我們確信自己是有力量且堅強的。[46] 研究人員已發現，人們生氣就代表相信自己能夠戰勝任何境遇。[47] 在美國海軍陸戰隊的訓練期間，新隊員學到在面對危險情況時，憤怒引發的強烈情緒和腎上腺素可以轉換成力量。[48] 你也可以運用這個策略將憤怒化為動機，有效

替自己發聲。比方說你覺得自己應該獲得升遷，卻不敢開口要求，你可以問自己：如果我是會因此生氣的人，我會怎麼做？如果是朋友遇到這種情況，替他感到不平的我會給什麼建議？

經研究證明，憤怒也能提升創造力。「所有的創新都是來自於怒氣。」作家湯姆・彼得斯（Tom Peters）如此寫道。當我們對陳腔爛調感到厭煩，就會想要創新。[49] 皮克斯執行製作人布萊德・柏德（Brad Bird）刻意招募那些受挫不得志的動畫師來製作新電影，因為他相信這群人才有可能帶來更好的改變。[50] 結果呢？《超人特攻隊》就此誕生，還一舉打破票房記錄。

ele

我們受的教育大多將生氣和失控崩潰畫上等號，但其實憤怒是事情出問題的重要警訊。只要善加運用，怒火就能成為我們撥

亂反正所需的力量。只要你能分毫不差地說出自己為何會突然在車上氣到大哭，就能想辦法找出下一步，最終邁向更健康且幸福的境界。

好用建議

- 憤怒是演化的警鈴，請傾聽其中傳達的訊息。
- 偏見和刻板印象經常讓我們無法正確判斷誰在生氣。
- 找出自己的地雷，降低日後突然暴走翻臉的機會。
- 認識自己的表達風格，以便有效傳達自身感受。
- 允許自己生氣，然後找出情緒背後的真正需求。
- 以直接或間接的方式解決需求。
- 將憤怒當成推動改變或發揮創意的動力。

憤怒表現傾向

　　這份評估表是根據「狀態 - 特質憤怒表達量表 -2」（State-Trait Anger Expression Inventory-2，簡稱 STAXI-2）改編而成，該測驗是治療師用來評估個案憤怒的不同面向，以及這些面向和心理狀態與醫療狀況的關係。這四個面向的特質都和憤怒表現有關，而且彼此皆可獨立看待。

步驟一：請根據以下敘述，圈選最符合個人狀態的頻率：

1. 我阻止自己發脾氣

   經常 1 － 2 － 3 － 4 － 5 － 6 － 7 極少

2. 我不會表達自身憤怒

   經常 1 － 2 － 3 － 4 － 5 － 6 － 7 極少

3. 我生氣時會說惡毒或難聽的話

   經常 1 － 2 － 3 － 4 － 5 － 6 － 7 極少

4. 生氣時，我會試著了解和弄清楚引發怒火的原因

   經常 1 － 2 － 3 － 4 － 5 － 6 － 7 極少

5. 如果心中惱怒，我會和別人談論我的感受

   經常 1 － 2 － 3 － 4 － 5 － 6 － 7 極少

6. 憤怒時我會試著冷靜下來

   經常 1 － 2 － 3 － 4 － 5 － 6 － 7 極少

7. 我大發雷霆

經常 1 － 2 － 3 － 4 － 5 － 6 － 7 極少

8. 我會控制憤怒的情緒

經常 1 － 2 － 3 － 4 － 5 － 6 － 7 極少

9. 我試著緩和憤怒的情緒

經常 1 － 2 － 3 － 4 － 5 － 6 － 7 極少

10. 相較於發怒，我反而是感到傷心或憂鬱

經常 1 － 2 － 3 － 4 － 5 － 6 － 7 極少

11. 我與他人爭執

經常 1 － 2 － 3 － 4 － 5 － 6 － 7 極少

12. 生氣時我會停下來、承認自己正在生氣

經常 1 － 2 － 3 － 4 － 5 － 6 － 7 極少

13. 我不習慣面對衝突

經常 1 － 2 － 3 － 4 － 5 － 6 － 7 極少

14. 我遠比他人想得憤怒

經常 1 － 2 － 3 － 4 － 5 － 6 － 7 極少

15. 生氣時我會做些放鬆的事讓自己冷靜下來

經常 1 － 2 － 3 － 4 － 5 － 6 － 7 極少

16. 別人問我是否在生氣時，我會進入警戒狀態

經常 1 － 2 － 3 － 4 － 5 － 6 － 7 極少

17. 我會有甩門這類行為

經常 1 － 2 － 3 － 4 － 5 － 6 － 7 極少

18. 生氣時我會試著對自己和他人多點耐心

經常 1 － 2 － 3 － 4 － 5 － 6 － 7 極少

19. 我會表達怒意

經常 1 － 2 － 3 － 4 － 5 － 6 － 7 極少

20. 我會心懷怨恨

經常 1 － 2 － 3 － 4 － 5 － 6 － 7 極少

21. 我會板著臉或生悶氣

經常 1 － 2 － 3 － 4 － 5 － 6 － 7 極少

22. 我生氣時會於心不安或感到羞愧

經常 1 － 2 － 3 － 4 － 5 － 6 － 7 極少

23. 大家都認為我是泰山崩於前面不改色的人

經常 1 － 2 － 3 － 4 － 5 － 6 － 7 極少

24. 我生氣時會把自己封閉起來或不與人接觸

經常 1 － 2 － 3 － 4 － 5 － 6 － 7 極少

25. 我對他人冷嘲熱諷

經常 1 － 2 － 3 － 4 － 5 － 6 － 7 極少

26. 我悶悶不樂

經常 1 － 2 － 3 － 4 － 5 － 6 － 7 極少

27. 我試著更加包容與理解他人

經常 1 － 2 － 3 － 4 － 5 － 6 － 7 極少

28. 我會用消極抵抗的方式表達憤怒

經常 1 － 2 － 3 － 4 － 5 － 6 － 7 極少

29. 我會忽略讓我煩心或不高興的事，而不是想辦法解決問題

經常 1 － 2 － 3 － 4 － 5 － 6 － 7 極少

30. 我在表達怒意方面很被動

經常 1 － 2 － 3 － 4 － 5 － 6 － 7 極少

31. 我心有不甘、滿懷妒忌、忿恨不平

經常 1 － 2 － 3 － 4 － 5 － 6 － 7 極少

32. 我表達怒氣的方式充滿攻擊性

經常 1 － 2 － 3 － 4 － 5 － 6 － 7 極少

33. 表達怒意對我來說很不舒服

經常 1 － 2 － 3 － 4 － 5 － 6 － 7 極少

▽評估結果請見次頁▽

步驟二：請根據答案加總分數，找出自己的憤怒表達傾向：

憤怒控制者：

加總問題 1、2、8、13、23、30、33 的分數

≤ 16 = 較低程度 | 17-32 = 中等程度 | ≥ 33：較高程度的**憤怒控制**

- **分數落在中等到較高程度者**：你習慣控制自己表達憤怒的方式。你會時時注意不要流露出失控的怒氣。你或許有感受到自己的怒火，但並不完全明白背後的需求，所以也無法理解與處理惹你生氣的源頭。

- **主要機會**：習慣與憤怒相處。感到生氣不該使你不快，學著有意識地專心覺察憤怒，才能妥善解決問題的根源。

憤怒轉換者：

加總問題 4、6、9、12、15、18、27 的分數

≤ 16 = 較低程度 | 17-32 = 中等程度 | ≥ 33：較高程度的**憤怒轉換**

- **分數落在中等到較高程度者**：你生氣時會試著覺察與理解憤怒背後的深層需求，並想辦法解決問題。你會運用冥想、呼吸練習和耐心等方法，以更有效率的方式處理怒氣，而不是選擇壓抑。你知道憤怒可以使人把事情看得更透徹，且有益身心健康（只要不是對他人或自己亂發脾氣）。

- **主要機會**：保持下去。注意自己是否有不小心用較不健康的方式表達憤怒，以及惹你發怒的原因為何即可。

憤怒投射者：

加總問題 3、5、7、11、17、19、21、25、32 的分數

≤ 20 = 較低程度 | 21-42 = 中等程度 | ≥ 43：較高程度的**憤怒投射**

- 分數落在中等到較高程度：你經常以具攻擊性的方式對他人或物品發洩怒氣。你可能是以肢體（例如甩門）或語言（辱罵、粗話、嘲諷）來表達憤怒。
- 主要機會：你的目標不該是壓抑怒氣，反而是要學著以健康的方式表達感受。透過創作表達憤怒是個好方法，例如寫作（寫日記或永遠不會寄出的信）或運動（跳舞、跑步、瑜珈）。想辦法接納憤怒，並找出可以釋放怒氣的方法，盡量不要對身邊的人造成傷害。

憤怒壓抑者：

加總問題 10、14、16、20、22、24、26、28、29、31 的分數

≤ 19 = 較低程度 | 20-39 = 中等程度 | ≥ 39：較高程度的**憤怒壓抑**

- **分數落在中等到較高程度**：你習慣壓抑憤怒。在某些情況下，怒氣令你太過不快，所以你不願全心感受，反而是用其他情緒取而代之，像是悲傷或罪惡感。面

對使你發怒的處境時，你可能傾向於責怪自己，即便錯不在你。壓抑憤怒經常也會導致焦慮和憂鬱，而且和高血壓與血壓過高問題有所關聯。

- **主要機會**：把心力放在以有效率、不會波及旁人的方式自由抒發怒氣。坦然表達憤怒可讓你有意識地去處理、消化情緒。

第四章

過勞

我以為過勞就像感冒一樣，好了就沒事了，
所以我才做出完全錯誤的判斷。

安妮·海倫·彼得森 (Anne Helen Petersen)，作家

莫莉：我記得自己在快三十歲的時候讀到一篇文章，裡頭在談電視編劇喬伊·索洛威（Joey Soloway）是如何想出「沒事做才讓人焦慮」[1]這個保險桿貼紙的口號，我得意洋洋地想：「我也是！！搞不懂那些晚上回家只會坐著看電視的人在想什麼。」我晚上和周末的行程基本上都排到幾個月後了。找事做是我的專長，雖然我本質明明是內向型人格而且喜歡待在家裡，但這些活動大多是我主動安排的，所以我以為這樣就不會因過勞而身心俱疲。

在跟大家講述我整個人大崩潰的經歷前，我想先說說我是如何成為失速列車。二〇一八年十二月二十三日，我坐在頭等艙準備飛往西雅圖渡假。坐頭等艙不是沒有原因的。過去三個月以來，為了一項客戶專案，我每周都在紐約和蒙特婁之間往返（當時我是全球創新公司 IDEO 的顧問）……「然後」還飛了一趟上海參加工作會議……「然後」還在某個周末飛去哥倫比亞特區（DC）帶了場領導力教練培訓工作坊。我環顧四周，看了看坐在頭等艙的其他人，結果發現在昏暗的座艙中，每個人都緊盯著筆電工作。他們的表情跟我當下的感受一樣：明明早已氣力放盡，但又抗拒不了收發新郵件、為專案提供意見與回覆訊息這些任務帶來的腎上腺素快感。數十年來我對那些坐頭等艙的人的欣羨之情，一瞬間煙消雲散了。不論你願不願意承認，如果坐頭等艙是用不知道飛了多少哩程換來的，那人生一定早已失衡。

　　機上坐我旁邊的人突然咳了起來，我馬上用圍巾遮臉並轉向另一邊。我沒有生病的本錢，在一月的新書發表前還有一堆事要做，而且還有一堆假日派對要出席。我已經為巡迴簽書會排了二個星期的假，如果再因病錯過任何工作，我於心不安。瘋狂工作的代價就是我根本沒能力好好照顧身體與找時間休息。

　　於是我把筆電關上，開始聽播客，試著阻斷焦慮的思緒。我心想，接下整星期的休假應該可以釋放所有壓力……對吧？

ele

　　許多書籍、文章和專家將過勞說得好像只跟工作有關，並建議找時間好好休息就能恢復如常、煥然一新。但放假其實沒辦法治癒過勞。

　　過勞不僅僅關乎於你投入的時間，也關乎於你在工作和生活中對自己述說的故事，以及你如何看待自己在做的事。事實上，許多人辭掉了原本的工作，但新工作做了六個月後，還是感到類似的剝奪感。

　　過勞是源自於慢性疲乏與壓力的感受，日益常見。事實上，由於太過於普遍，二〇一九年美國正式將過勞列為可診斷的症狀（如需過勞風險等級評估表，請見本章末）。[2] 二〇二〇年，超過百分之七十的受雇人員曾經有至少一次的過勞感受。[3] 一項針對

大學生進行的國家級調查發現，高達百分之八十七的學生曾覺得必須應付的事情多到難以招架。[1]

問題核心在於，過勞是資本主義下必然的副作用。莫莉的爸爸經常提醒她，因為她生於一九八〇年代的後期，那時大家推崇雷根主張的供給面經濟學和去機構化，所以她不可能理解活在有實質社會安全網的世界是什麼感覺。莫莉心想，如果她的健保、退休計畫、付房貸的能力以及孩子的教育費，不會完全取決於她的工作能力、最大工作時數與能爭取到的最高時薪，那壓力一定小很多；畢竟，她只有這幾年的時間可以拼命賺錢、不用養兒育女。（深吸一口氣！）

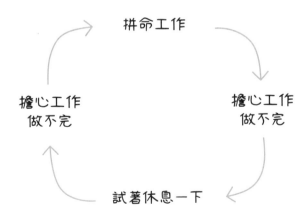

過勞是什麼感覺

拼命工作

擔心工作做不完

擔心工作做不完

試著休息一下

　　資本主義的優點不僅會造成收入程度、性別和種族等方面的不平等，同時也帶來了過勞這個沉重的負擔。最低工資和月光族的壓力是最極端的過勞肇因。而表層演出也是主因之一，也就是你覺得必須隱藏自己的真實情緒，才能融入環境或取得發聲機會，與此同時還得對抗公然的歧視。[5] 想當然耳，相較於男性與白人，女性和有色人種比較容易有過勞情緒。[6] 凱莉・皮爾 - 露易絲（Kelly Pierre-Louise）是位黑人行銷專員暨創業家，她解釋到：「過勞是黑人女性被反覆灌輸的生活方式。我們肩上承擔了太多事，只好把個人的健康福祉拋諸腦後。」[7]

　　有鑑於上述結構性的外力因素，難道不是只有主管、執行長或當選官員才能徹底解決過勞問題嗎？針對工作和生活環境做出大幅改革肯定有所幫助，而且效果顯著。為此，本章特別針對主管和領導人可以如何支援下屬提供了相關建議，詳見 p.167。

　　但等別人來解決過勞問題，不僅曠日費時，而且（不幸的是）還沒人能保證會成功。因此，本章會花極大篇幅討論要如何讓日子好過些，包括檢視和調整內在敘事方式、將自我價值和所做的事分開來看，以及為自己設好界限。透過破除過勞迷思，各位將獲得立即的救贖，接著再進一步找出未來可以持續把自己放在第一位的長期做法。

　　注意：我們討論過勞時大多以工作為背景，但「工作」一詞可以自由心證。工作可以有許多類型：職業上的工作、照顧心愛

的人（人類學家稱之為「親屬工作」）、陪伴朋友以及照顧自己。希望我們分享的這些建議能為橫跨各領域的過勞問題帶來些許幫助。

過勞的迷思

迷思一：過勞顯而易見

我們以為自己可以分辨大腦何時已經超載了。但在維持生計的同時，還要接收如暴風般襲來的各式通知、倉皇奔波於一場場的會議之間，全都會消耗掉大量的情緒能量，因此我們根本不會發現自己有多疲累。所以過勞常常好像是在瞬間爆發：其實是你不知道油箱早空了，還在那衝衝衝，所以熄火是遲早的事。

過勞最可怕的地方在於會對自我意識造成重大衝擊。在過勞的狀態下，你是靠腎上腺素在向前衝，這股動能會讓人感到異常亢奮，結果誘使你接下更多工作。一直到生病和受傷（之後詳述）後，莫莉開始回顧當時狀況，這才發現：「天啊，我幹麼逼自己做那麼多事？」但事發當下她並不覺得自己已在過勞的危崖，反而感覺像個女超人。

被過勞擊倒後，你可能要花上數周、甚至數個月的時間才能康復。我們可以留意哪些早期徵兆呢？如果發現以下細微跡象，就表示你需要重新評估自己手上的工作是不是太多了：

- 連採買日用品等日常活動都讓你覺得太過刺激。
- 你覺得身心俱疲、事情多到難以應付，因此開始不再從事你明知對自己有益的活動（像是運動或獨處）。
- 你患上周日恐懼症，而且從星期六就開始惶惶不安。
- 明明行程滿檔，還是不斷答應別人的請求。
- 你覺得自己靠著最後一絲氣力在前進。
- 所有人事物都讓你感到厭煩。
- 生病或被迫休息一陣子聽起來很誘人。
- 你深受「今天暫時停止症」*所苦：感覺每天的日子一成不變。
- 「報復性熬夜」你再熟悉也不過了：因為白天都沒有自己的時間，所以晚上死都不肯早睡[8]。

　　我們很常無視這些跡象，因為一般來說都是能克服的狀況，但這是極其重要的警訊。納維德・亞曼（Naveed Ahmad）是「Flourish」的創辦人，該公司致力於協助大家對抗過勞，他告訴我們：「命運有時是用羽毛輕拍你的肩膀，有時是用磚塊砸你，有時則直接開公車輾過你，所以最好還是學會在還是羽毛時就有所

＊譯注：Groundhog Day Syndrome，這個說法來自一部幻想電影《今天暫時停止》（*Groundhog Day*），劇情是全世界都停在土撥鼠節那天，不再往前推進，所以其他人的記憶都停在土撥鼠節前，但只有男主角菲爾（Phil）是正常的，他的記憶不斷累積，每天起床都要面對同樣的情況。

警覺，好好聽它要說什麼吧。」

迷思二：還沒崩潰就不用急著解決過勞問題

演員戴克斯·薛普（Dax Shepard）回想當初他帶著身患絕症的父親跑遍一個又一個的門診，同時還要面對自己的成癮問題，他反思：「過了很久我才反應過來當初壓力有多大。當下我只顧著喬好所有行程，那是我唯一能掌握的事，所以就說服自己，一切都會沒事的。」[9]

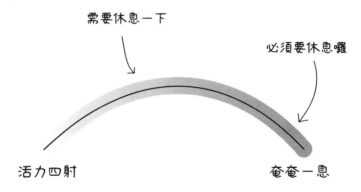

需要休息一下

必須要休息囉

活力四射　　　　　　　　　　　　奄奄一息

通常我們認為只要還能踏出下一步，就不需要瞎操心或稍事休息，所以不斷把自己逼到極限：午休時間順便排一場客戶會議，清晨逼自己爬起來參加國際視訊會議，覺得自己有責任解決工作和家庭中的大小問題。這些侵犯個人權利的事分開來看可能都不足為道，但理查·岡德曼（Richard Gunderman）醫師說，過勞「是千百件蓄意而為的微小背叛加總起來的產物，每個背叛都

小到幾乎不會引起任何注意。」[10]

科技的發達讓瘋狂工作成了常態。研究顯示，我們每天平均會查看電子信箱七十四次，而且每三分鐘就會把注意力轉移到不同的任務上。[11]（從翻開本章第一頁到現在，你已經看過幾次手機了？）習慣「隨時待命」表示我們的思緒總是紛擾不休，而且只要試著離線休息，我們就會感到焦躁不安，因此只好繼續加快腳步，不讓自己有時間反思與喘息。

當我們不斷從一件事跳到下件事，身體就會開始累積壓力。艾蜜莉和艾米莉亞・納高斯基（Emily and Amelia Nagoski）博士（同時也是親姐妹）在她們的著作《情緒耗竭》（*Burnout : the secret to unlocking the stress cycle*）中說，我們的祖先遇到狩獵者時，不是和其他族人合作殺了野獸，就是趕快落跑：也就是所謂的戰或逃反應。要做到這點，他們就必須善用所謂的突湧式動能＊：這是套複雜的自適系統（腎上腺素激增、心臟狂跳），人類靠它才得以應對緊急狀況。[12] 但突湧式動能只能維持一段時間，我們的祖先也只會在逃命時爆發出這個能力，一旦成功存活下來，就會滿心歡喜地再次安心歇息，整個壓力循環也就此畫下句點。[13]

在現代社會中，我們無時無刻都在使用突湧式動能，因為從

＊譯注：surge capacity，在災難發生時，身體會進入壓力反應，讓我們有更多能量可以面對災害；此能力是用於應付短期壓力，無法長期維持下去。

未好好完成整個壓力循環。如果在車陣裡卡了好幾個小時，你不會在走進家門的剎那感覺好多了，身體還處於壓力反應中。如果你又沒有習慣去散步或放鬆一下，那身體就會整晚持續產生壓力荷爾蒙皮質醇。[14] 所有累積下來的壓力終有一天會超出負荷，你就成了被壓垮的駱駝。（如要了解完整的壓力循環，請見 p.147 的「盡百分之八十的力就好」）。

1 明天再找時間休息	2 明天再找時間休息	3 明天再找時間休息	4 明天再找時間休息	5 明天再找時間休息	6 明天再找時間休息	7 明天再找時間休息
8 明天再找時間休息	9 明天再找時間休息	10 明天再找時間休息	11 明天再找時間休息	12 明天再找時間休息	13 明天再找時間休息	14 明天再找時間休息
15 明天再找時間休息	16 明天再找時間休息	17 明天再找時間休息	18 明天再找時間休息	19 明天再找時間休息	20 明天再找時間休息	21 明天再找時間休息
22 明天再找時間休息	23 明天再找時間休息	24 明天再找時間休息	25 明天再找時間休息	26 明天再找時間休息	27 明天再找時間休息	28 明天再找時間休息
29 明天再找時間休息	30 明天再找時間休息					

迷思三：過勞看起來都一樣

過勞儼然已成為概括性術語。訪問讀者時，他們會用這個詞來表示各式各樣的情緒，像是疲累、無聊、受夠了上司、個人責任多到難以承受、憂鬱、工時太長等等。也就是說，每個人過勞

的樣貌皆不盡相同。你必須清楚認識自己的感受，才能對症下藥，找到真正有效的支持力量。因為工時太長而焦頭爛額，和每天朝九晚五並覺得工作沒有意義，二者背後的意涵肯定不同。

職業倦怠量表（Maslach Burnout Inventory，簡稱 MBI）是首份具臨床實證的過勞測量方式，由心理學家克里斯蒂娜·馬斯拉赫（Christina Maslach）所發明，此量表探討過勞的三個面向：

1. 情緒耗竭：經常有很嚴重的剝奪感
2. 憤世嫉俗：對工作和身邊的人感到疏離
3. 效率不彰：覺得自己永遠無法把工作做好

職業倦怠量表經常被誤用（我們也能理解，因為真的很複雜！），大家常常只看情緒耗竭的部分，或是加總每個面向的分數，並假設「沒有過勞」和「過勞」之間有個清楚的分野。[15] 但馬斯拉赫表示，過勞並沒有一個明確的分界點，而是透過每個面向的分數來決定，受試者落在連續量表中五個風險等級的哪一個，從最正面的經驗：非常投入，到最糟的經驗：感到過勞。

為了協助大家更了解自己的感受，我們在本章末附上經過調整的職業倦怠量表：過勞風險等級評估表。做完測試後，請寫下每個面向的分數，然後透過下方清單找出在過勞連續量表中的五個風險等級，哪一個最能代表自身經驗。

過勞連續量表中的五個風險等級：從最正面到最不正面

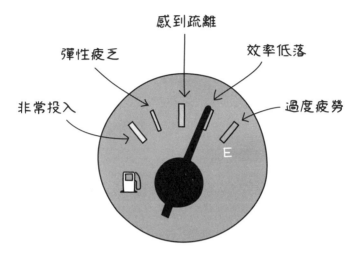

1. 非常投入：較低到中等程度的情緒耗竭和憤世嫉俗，中等到較高程度的效率。

• 你狀況不錯，至少感覺還可以。

2. 彈性疲乏：較高程度的情緒耗竭。

• 什麼事都讓你感到難以招架，而且你已工作過度。感到彈性疲乏通常是因為工作太多，或置身於必須隨時待命的職場文化。但也可能是因為你手上排了太多私人事務，或是健康問題、家庭義務佔去你太多時間。

3. 漠不關心，提不起勁：較高程度的憤世嫉俗。

- 你感覺與同事沒有任何交集，而且對周遭的人缺乏同理心。當你過度努力或不再覺得自己做的事有任何意義，就會開始感到提不起勁。

4. **效率低落**：較高程度的效率不彰。

- 你自覺能力不足且毫無生產力。實際上你的工作成效可能不錯，但自我觀感卻是毫無效率可言。

5. **過度疲勞**：較高程度的情緒耗竭和憤世嫉俗，較低程度的效率。

- 你已不只是疲憊，更覺得灰心喪志、孤獨疏離。[16] 莫莉在二〇一八年末到二〇一九年初經歷過整個過勞歷程，一開始是彈性疲乏，然後對同事漠不關心，並認為自己效率低落，不論是在 IDEO 的工作還是《我工作，我沒有不開心》的新書發表上皆是如此。

ᘒ

　　莫莉：二〇一八年十二月我回到紐約後就得了重感冒，身體直接投降。但我和先生已經計畫要在馬丁‧路德‧金恩紀念日的那個周末去旅行，而且我感冒似乎略有好轉。事實證明，感冒尚未痊癒就去搭機是糟糕透頂的主意；回程的路上又得了流感，接下來便在沙發上躺了整整一周。

我整天昏昏沉沉的，咒罵自己幹嘛要堅持要去旅行，但人生這台子彈列車完全沒打算停下來。在我們的新書發表計畫中，我本來要先去倫敦，然後再回到紐約，接著前往舊金山參加各式活動。

在莉茲和代理商的殷殷關切下，我取消了倫敦行，但罪惡感卻揮之不去。如果錯過更多行程，會不會對我們的書造成影響？我已經請了兩個星期的假，現在還打算繼續請下去，同事會怎麼想？在過勞的狀態下，最初的小問題慢慢演變成關乎生死存亡的重大議題。一開始只是行程安排的後勤方面問題，後來就演變成對自身恐懼與信念的質疑：為什麼我要在壓力如此之大的都市生活？為什麼我要在有全職工作的狀態下寫書？

瑪莉・派佛（Mary Pipher）如此寫道：「許多人在人生的某個時點，會以自己的方式優雅地崩潰……要想復原，就需要建立一個較為寬廣的空間，」讓我們可以好好生活。我以為自己必須更努力學習壓力管理，但事實上我需要的是給自己空間，才有時間休息與思考深刻問題。此外，我也必須習慣這種擁有廣闊生活空間的感覺。[17]

應對辦法

想要克服過勞，就必須定期自我檢查。本節將根據先前提到的風險等級，帶各位了解如何緩解或避免過勞。我們也會談及主管和團隊可以如何協助屬下與團隊成員找出更佳平衡。

1. 彈性疲乏時該怎麼辦

盡百分之八十的力就好

為了研究過勞，研究學者梅莉莎・格雷格（Melissa Gregg）在三年間訪問了來自四間組織機構的知識工作者，他們的共通點是感到精疲力盡。她驚訝地發現，所有受訪者都在某種程度上，將因工作而生的疲憊視為個人的敗筆，居然沒人認為可能只是工作太操了。[18]

如果你經常感到疲憊不堪，最可能的原因是每天有太多的義務要盡、太多的工作截止日要趕，根本壓力山大。這之中有多大部分是自找的？我們是過來人。我們之前（老實說，現在偶爾還是會犯）做任何事都想超越自我極限，即便根本沒那必要。工作不忙時，莉茲會著魔似地給自己安排一堆不重要也不緊急的任務。而莫莉雖是喜歡舒服宅在家的內向人，但只要看見行事曆有一晚空下來，就會立刻補上另一個晚餐邀約或活動。以這兩個案例來說，其實讓自己好好休息

才是對我們比較好的選擇。

在萬事順利的情況下，行程滿檔當然沒問題，可一旦自己生病或必須陪伴家人，又或者你老闆不幹了，突然間你的產能要從百分之一百跳到百分之一百二十，人生就突然變成一場失控的夢魘。

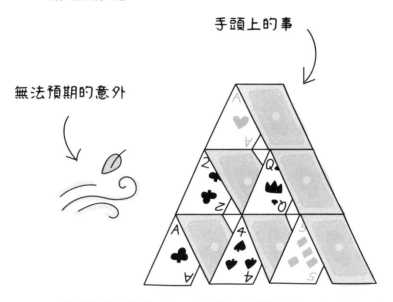

與其當匆忙的兔子，不如做個安穩的烏龜，建議各位盡百分之八十的力就好。（千萬不要誤以為這是在建議你拿百分之八十的薪水，然後只工作百分之八十的時間，基本上一定行不通；最後只會變成做了全職的工作量，但只有百分之八十的工時拿到薪水。）讀者艾莉和我們說，在得知某位親屬

患上絕症後，她開始逼自己放慢腳步。「做法很簡單，就是把運動放第一，晚上六點後不開工作電腦，然後閱讀任何我感興趣的書，但絕不碰我認為自己應該讀的書。」

這是需要花時間練習的功課。我們的朋友米莉安是位工程師，她覺得自己太拼命工作了，精神科醫師問她是否曾試過事情做到一半停下來，然後直接走人。「從來沒有。」米莉安告訴我們：「他叫我試試看。隔天上班我真的就付諸實行。五點半一到，我從辦公桌前站起來，然後就回家了，結果再隔天我去上班時，完全沒出任何事。」米莉安現在只要感到疲累或手開始痛了起來，就會放下手上的工作休息一下，沒有一次出過事。[19]

如果能將生活中較不要緊的事暫時擱置一旁，也會所有幫助。莉茲的爸爸住院時，她暫時減少了許多社交活動。讀者保羅被診斷出克隆氏症後，決定先不管升遷的事，專心照顧自己的健康。這就是四個火爐理論的概念，大衛·賽德瑞斯（David Sedaris）在《紐約客》發表的一篇文章中曾提到這個故事。一位朋友（她在一場管理研討會上聽來的）告訴他，人生有四個爐子：家庭、朋友、健康、事業。如果想要功成名就，有個爐子就必須永遠關上；如果想超級無敵霹靂成功，那就必須關掉兩個。[20]

盡百分之八十的力，自然而然你就會有喘息的時間，才

能讓整個壓力循環畫下句點。請停下腳步，專注觀照自己的身體。碧昂絲對《哈潑時尚》雜誌說：「你所需知道一切的訊息都藏在身體裡面，但〔你必須〕學會傾聽。」。[21] 根據納高斯基姐妹的說法，傾聽身體並打破壓力循環的方式共有七種：

- 大哭一場
- 深呼吸（莫莉喜歡做呼吸練習；如需「喜愛的冥想導引清單」，請見 p.305）
- 從事體能運動（莉茲喜歡用體力消耗來替代腦力耗竭；她覺得在橢圓機上運動一小時，做為一天的尾聲，讓她感覺大不同。）
- 笑口常開
- 和朋友相聚
- 從事創意相關活動，像是寫作或畫畫
- 肢體上的親密接觸，像是擁抱[22]

學著設定並尊重自己的界限

聽好了：你必須設下界限並嚴格遵守，這件事沒人能幫你。或許有時你會想：為什麼愛我的人不阻止我做得太多呢？最常見的情境通常都是因為他們希望你成功！在我們的社會，忙碌就是成功的標誌。他們可能和你一樣忙，或是根本不知道你的界限在哪。內達拉・格洛弗・塔瓦布（Nedra

Glover Tawwab）在其著作《設限，才有好關係》中寫道：「別人不會知道你要什麼，講清楚、說明白是你的責任，明確講出需求是關係的救星。」[23]

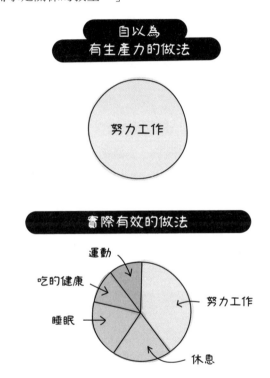

不感興趣但又忍不住想答應的情況，不妨停下來問自己：

- 答應對我有什麼好處？
- 做了這件事，我就不能做什麼事了？
- 拒絕的話，最糟糕的情況會是什麼？

　　每個「不」後面都隱藏著「是」，就算只是為了自己事也一樣。讀者凱莉告訴我們，有段時間她承擔了許多家庭責任，所以在工作上就會比較謹慎考慮哪些事要做、哪些不要做。她會問自己：「如果我自願接下這項任務，對家庭會帶來什麼影響？這項任務究竟有多重要？代價是什麼？」這個做法讓她的生活中少了很多「未加思索的急事和活動」。[24]

　　一旦你準備好說不，請事先想好二句話：一句話是對對方說，一句是對自己說。舉例來說，如果你想拒絕朋友邀請，你可以說：「我想很去，但這周沒空，還是這個月再找時間？」然後對自己說：「現在拒絕不代表我是壞朋友，只代表我是個人，需要休息而已。」對別人也可以只是簡單地說：「沒辦法喔，抱歉！」就算只說不要也沒關係。

　　莉茲原本不太會拒絕別人，後來為自己訂下了一套行事準則，直接照章行事。現在她會說：「我規定自己星期四晚上不排任何社交活動，」或是「我規定自己在承諾任何事以前，先想一個晚上。」她發現如果跟規則有關，被拒絕的那方就比較不會覺得是針對他個人。作者萊恩・霍利得（Ryan Holiday）寫道：「大家尊重規則，所以可以接受不是你在拒絕他們提出的邀約、要求、請求或機會，而是你別無選擇、必須遵守規定。」[25]

設下界限

「我需要獨處」

「我現在沒辦法做這件事」

「我可以有情緒」

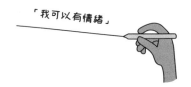

　　你的忍受程度一定和其他人有所差異。就算是朋友、同事、甚至是伴侶，他們的過勞臨界點可能跟你也不盡相同。好比說你是內向型人格，另一半則是外向人，一旦見你陷入低潮，他可能會鼓勵你邀朋友共進晚餐，或是去看場表演。這是他們這類人讓自己心情變好的方法，但可能跟你恢復能量的方式背道而馳。莫莉的先生是位喜劇演員兼電視編劇，他曾拒絕了某些足以讓他的事業改頭換面的機會，雖然這不過是後見之明，但他還是後悔萬分。所以當初大力鼓吹莫莉

依計畫前往倫敦，不要錯過他認為是「千載難逢的機會」，縱使他明知莫莉生病了，而且兩人的職涯目標也不一樣。

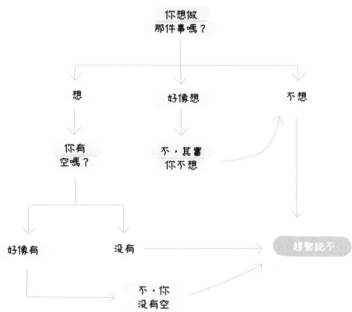

在什麼情況下的過勞表示該離職了？

讀到這裡，你應該在想：「好喔，當然啦，我可以想辦法克服過勞，但難道沒有一個應該放棄努力、直接辭職的時間點嗎？」有，當然有。

針對過勞主題接受我們訪問的對象中，好幾位都表示，一直到離開了不健康的環境後才稍微感覺好些。讀者麥奇是名顧問，雖然升遷順利、績效評估都頗為正面，但他還是經常感到焦慮。「因為表現不錯，所以我以為自己的心理健康狀態遲早也會有所起色。」但換到另一個步調較慢、壓力較小的產業工作後，她的焦慮感就不藥而癒了。她跟我們說：「我一直以為九成的原因在我，只有一成來自環境，但我錯得離譜。」[26]

如果你已試過本章提供的各種建議，但還是覺得這是場必輸的仗，就是在叫你快逃的強烈訊息了。逃跑不可恥，不表示你沒用或不知感激，也不代表你是個「禁不起打擊的人」。我們很多人都屬於作家康妮‧王（Connie Wang）所稱的「有機會就要感恩」世代。[27] 但犧牲健康、甚至自我價值不該是我們在社會上存活的代價。

找新工作的時候，建議你想想為什麼自己在現在的工作崗位不快樂，以及哪些條件可以讓你在下份工作更開心。如果沒搞清楚哪些變化於你有益，那你在下份工作可能還是會陷入相同情

緒。不妨試著回答下列問題：

- 在目前的職位上，我要怎樣才會快樂？
- 工作環境在哪些方面導致我過勞？
- 辭職最讓我害怕的是什麼？這些恐懼的真實性有多高？

最後提醒，請別匆促下決定。務必確認離職是為了追求更符合自身需求的工作，才不會重蹈覆轍。

2. 漠不關心，提不起勁時該怎麼辦

尋求連結互動

我們知道，這要花上不少力氣。當你覺得疲憊不已且看誰都不爽時，通常不會有精力與人來往互動。但自我孤立只會陷入讓情況變得更糟：沒把心力花在你最需要的人際互動上，所以只能對自己的慘況顧影自憐，最終只剩加倍的空虛。

莫莉有陣子很常出差，當時她開始覺得自己和 IDEO 紐約的同事有些距離感，也很想念在辦公室的日常互動和閒聊。她也有些工作上的朋友，但又沒熟到邀請他們周末出來玩。最後她覺得受夠了，雖然是出於焦慮才採取的行動，但她決定邀請全部十四位同事下午來家裡玩。結果大為成功，大家都玩得很盡興，後來又聚了幾次。這些聚會讓莫莉能夠以團體為單位認識所有人，因此之後就能更輕鬆地和個別同

事建立友誼。

不一定要交到新朋友才能讓心情變好，即使是最細微的連結互動也能帶來深遠影響。在一項研究中，研究人員請心態悲觀的受試者找一天專心幫助他人。這些參與者不情不願地做了些小事，像是讚美他人的付出，或是和一些同事午餐。結果隔天早上，這群人皆表示自己比較不悲觀了。[28]
以下是適合用來尋求連結互動的簡單做法：

- 安排時間和一位同事喝咖啡或視訊聊天
- 找人散步閒聊
- 邀請朋友來家裡放鬆抬損
- 感謝最近幫過你的人

儘管如此，找人聯絡感情還是要慎選對象。如果你想減輕自己的厭世感，請務必遠離會讓你感到挫敗與耗竭的對象和情境。讀者艾德溫跟我們說：「工作遇到撞牆期時，我會特地花更多時間和溫和體貼的同事相處，並避開特別讓人受不了的專案經理。這樣做真的效果顯著。」

重新找回人生意義──打造專屬模式

想要對當下在做的事重燃火花，另一個方式是問自己：我現在為什麼要做這件事？

意義的形態不盡相同。我們訪談過一位醫生，她在開始每天的行程前，都會提醒自己她對患者人生的影響力；一位工程師和我們分享，知道自己有能力將作業流程自動化，讓同事的工作起來更輕鬆寫意，成了她的使命感；一位律師則說，在最不順遂的時期，他會盡量想著自己撐起整個家的榮譽感。

如果你想不出任何特定事物，不妨試著用一周的時間記錄自己做了哪些事、感覺如何。莉茲有次花了整整十天的時間，在工作表上仔細記下她每小時做了哪些事，並用一（精疲力竭）到十（振奮不已）為自己的感受評分。她的資料顯示，接二連三的會議通常是她覺得最悲慘的日子，而幾個小時心無旁騖地工作與充裕的獨處時間是她最感幸福的時候。她現在會刻意把會議和社交活動分別排在不同的時間，在行事曆上空出休息時間，然後每周留幾晚給自己。

找出自己認為沒意義的事和找出自己喜歡的事具有相同效果。如果某些人或活動特別容易讓你不爽，不妨試著遠離這些人事物。心理學家經常討論工作塑造這個議題，也就是由個人積極採取行動、按部就班地重新規畫自己的工作行為模式。我們則鼓勵各位塑造人生：什麼事或什麼人讓你覺得倍受重視？你可以投入更多時間在這些領域和對象身上嗎？哪些非必要活動讓你感到壓力爆表？可以避開這些活動嗎？

3. 自覺效率低落時該怎麼辦

將被動反應換成主動出擊

　　如果你自覺效率低落，常見原因有三：沒有足夠時間完成別人希望你做到的每件事、沒有充份資訊做出明智決策，或是身邊沒人給予足夠的支持和認可。

　　許多讀者和我們說，他們覺得自己「事情永遠做不完」，感覺像一直在原地打轉，「總有應付不完的要求」。如果只是被動反應，就很難保持自信，也不容易獲得成就感。在這種情況下，通常也表示手中有太多截然不同的專案在進行，因此讓人看不見大方向。

　　首先，丟掉好員工（或好朋友、好伴侶、好母親）就必須面面俱到、有求必應的想法。我們非常喜歡作家珍娜·沃特翰（Jenna Wortham）的建議：「記住，別人的急事不是你的急事。」[29] 設立合理期望是你的職責。芭芭拉是公關公司的執行長，她在《哈佛商業評論》上說過：「很多時候客戶說十萬火急的大事其實根本是不痛不癢的小事。」[30] 她的建議是想辦法溫和但堅定地幫助對方客觀審視情況：

- 我認為採取這個做法可以將干擾降到最低。
- 我了解你想要 _____。我現在手上在做的是 _____，而對_____這件事我有一些考量。我們是否可以談談接下來怎麼做最好？

- 我目前在做的事是這幾項。你可以告訴我其中有哪些項目會對_____有幫助，我可以把它們列為優先要務。

切記：你想達成的目標不一定要跟工作有關。讀者潔絲和我們說：「有段時間我工作時都覺得像矇著眼睛走迷宮，手上的專案一團混亂，公司目標不斷變更，所以工作好像永遠做不完。」因此，潔絲決定每周一和周三去上拉坯陶藝的初學者課程。因為要上課，所以她必須逼自己在合理的時間離開辦公室，也讓她重新找回學習和進步的信心。她跟我們說：「剛開始學習新事物時，短時間內就能獲得可衡量的明顯進步。我非常需要這種成就感。」

想清楚為什麼覺得自己的付出不值得

臉書產品經理戴爾‧奧巴桑喬（Dare Obasanjo）在推特上說：「過勞其實和工作過度的關係不大，反而是和工作效率不彰比較有關。光休息是不夠的；〔你還需要〕檢視自己為何在潛意識中，認為自己付出的努力沒有價值。」[31]

如果一直缺乏成就感，或許是時候退一步，釐清自己重視的事。如果你不在乎最高處的風景，那往上爬得再快也沒什麼意義。

不妨看一下我們在 p.308 整理出來的「價值觀清單」，然

後找出你最看重的五件事。莉茲最重視自主、創意、善良、受人認可和成功，而莫莉的選擇則是社群歸屬、創意、學習、貢獻及自尊。

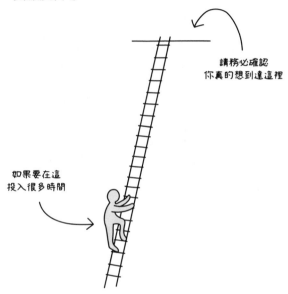

請務必確認
你真的想到達這裡

如果要在這
投入很多時間

接著你要問自己：

- 你的工作和這些價值相符嗎？
- 你在閒暇時間從事的活動符合這些價值嗎？

制定優先順序包括把某些事情擺在其他事情之前。有個故事是一位教授把一個罐子裡裝滿大石頭，然後問班上同學：「罐子滿了嗎？」學生說：「滿了。」接著他把小鵝卵石加進去並搖一搖，把原本的縫隙填滿。「罐子滿了嗎？」「滿

了。」最後他把沙子倒進去，「罐子滿了嗎？」學生看著被塞滿滿的罐子都笑了。教授說：「這個罐子就是人生，大石頭是最重要的事：身心健康、重要關係。小鵝卵石代表其他的重要事物，像是工作和學業。而沙子則是當下看似有其重要性的小事，例如物質生活。但如果你先在罐子裝滿了沙子，把這些小事擺在真正重要的事物之前，就沒有餘裕留給最要緊的東西了。」

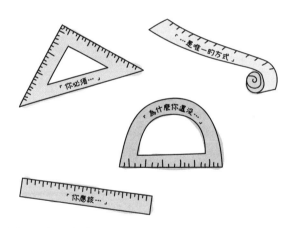

我們通常是在完成遠大目標、心裡卻無絲毫喜悅之時，才驚覺自己需要有所改變。二○一二年，我們的朋友納維終於拿下多年來朝思暮想的重大升遷機會，但這股興奮之情很快就消退了，幾天後他又陷入愁雲慘霧之中。

那個周末，納維建立了一份 Google 文件，標題是「我是誰？」，然後寫下自己想實踐的人生價值。他寫下：「我願意無條件為別人貢獻自己最好的一面，我要比過去的自己更加進步，我重視自己的身心靈。」打完這些字後，他回頭將自己好像沒有做到的部分標上醒目的紅色。那天，他的清單滿江紅。

納維開始採取行動，打算按照自己夢寐以求的價值來經營人生。他換了份對自己來說更有意義的新工作，開始定期運動和冥想，並把個人情感關係擺在工作之上。他現在每隔一段時間就會再看一遍這份清單，提醒自己想過上什麼樣的人生。如果成功實現了其中一項價值，他就會把紅字改為黑字。他和我們說：「每改一次，我就多一絲平靜與放鬆。」[32]

4. 如果已精疲力盡了該怎麼辦

不要把自我價值和工作混為一談

作家童妮・摩里森（Toni Morrison）寫道：「工作不能代表你；你是你自己。」[33]我們還想補一句：工作不會愛你。

熱愛工作很棒，但凡事皆有限度。當兩個獨立個體在彼此身上失去各自的自我認同，心理學家稱這個現象為「糾結」（enmeshment）。同樣現象也可能發生在你把自我價值過度構築在工作產出或特定身分定位上。[34]在此情況下，你會開始看

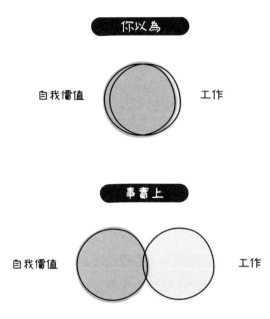

不到人生中其他重要的人事物，滿腦子只想著達成心中目標。

許多讀者和我們分享過，雖然過勞讓他們痛苦不堪，但又覺得自己的自我認同和工作產出密不可分，做出任何改變都像要他們的命一樣。有人說辦公室的廁所是他們唯一能喘口氣的地方，有人說每周都因工作到太晚而偏頭痛，甚至有人在公司的停車場倒下。

如果你覺得自己深陷在糾結之中，有時自我認同與工作的關係太過錯綜複雜，唯一的解法就是暫停一下。讀者麗莎在丹佛當校長的最後一年，幾乎每天都在哭。她說：「我真的身心俱疲了。我太渴望獲得肯定，甚至迷上了像是派樂騰（Peloton）健身服務這類東西，只為了蒐集自己在某些事情上還是有所成就的證據，即便我在其他面向都覺得自己敗得

一踏糊塗。」就算對接下來該怎麼辦毫無頭緒，麗莎最後還是辭去了校長職務。在適應身分轉換之際，她去讀了研究所，並將之視為重建自我認同的重要時期。麗莎認為停下腳步、給自己空間去重新定義頭銜或職務以外的自己，也就是暫時離開現有的工作崗位，是非常有效的做法。

但不是每個人都能選擇離職或休息一段時間。如果你已心力交瘁，但又需要這份薪水，或是為了升遷而必須堅守崗位，那最好的辦法便是把資源投在工作以外的生活上，並降低自己對工作的期望。二〇二〇年夏天，正值新冠肺炎蔓延之際，當時莉茲在和先生一起照顧癌末瀕死的公公。一直到那時，莉茲仍以在工作上能夠超人一等、甚至還可以提前完成任務為榮。但到了同年八月，莉茲每天早上醒來都感到交雜著恐慌與恐懼的情緒，而且幾乎無法專注於工作之上。每件事都像一座座無力翻越的高山，不管是大型的客戶簡報會議或回覆朋友的訊息皆同。莉茲還記得，先生請她寄 Google 日曆的約會之夜邀請給他，但她卻連這麼小的事都辦不到。

莉茲最後選擇把工作先擱置一段時間，然後給自己放了二個星期的假，並在回到崗位後，要求自己先暫時把工作「做到夠好就好」。她會完成必須完成的工作，但在晚上五點半就準時放下手中事務，刪掉手機上的 Slack 即時通訊軟體，且在那個月不接任何其他大型專案。結果很快就看見成效了，

光是允許自己不用隨時在工作上做到最好，就讓她心情好上許多。

留一些耍廢時間

暢銷作家布芮尼·布朗（Brené Brown）在寫第一本書的時候，她先生帶孩子去看阿嬤，好讓布芮尼可以在周末假期獨處，專心寫第一章的稿子。他回家時問她：「你稿子寫的如何？」

布芮尼坦白回道：「我狂看了四十六集的《法網遊龍》。」

然後她跟先生因此大吵了一架，但三天後的星期二晚上，布芮尼便完成了第一章的草稿，就是突然文思泉湧。[35]

留些時間去做能自我修復的事，就算是連續三天狂看《法網遊龍》也沒關係。耍廢的主要目的是放下一切該做的事。你是否曾為休息時間設下極高的期望？在 Instagram 和實境秀的火上澆油之下，我們逼自己要時刻表現完美，但反而讓本來該拿來紓解壓力的時光變得更

有壓力了。

喜劇演員傑瑞・史菲德（Jerry Seinfeld）表示：「我才不想要什麼高品質時光，只想要廢，我就喜歡這樣。你看到〔小孩〕在房裡看漫畫，然後你站在那呆看了一分鐘，或是看到根本不該醒著的孩子們，在晚上十一點〔吃了〕整碗的麥片。超廢，我超愛。」[36]

讓大腦放空不僅有益健康，還能提升我們在重返職場或社交生活時的表現。一項研究顯示，超過百分之四十最具創意的構想，都是在思緒沒繞著工作打轉時產生的。[37] 有人將這個現象稱之為「洗澡原則」：當你在做某件舒服又熟悉的事時（例如洗一個長長的澡），大腦就會開始自由聯想、發揮創意、找出解決方案。大衛・高斯（David Goss）是數論（數學的一個分支）的先驅，他說：「潛意識極為強大，就好像你工作的唯一目的，都是在為工作以外的事物架設舞台。」[38]

5. 主管和團隊可以如何預防或減輕過勞問題

主管：把尋求平衡定為團隊共識

在美國個人主義文化的潛移默化下，我們經常把尋求生活平衡的重擔放在自己身上。身為個人，我們必須找出時間冥想！艾咪・波塞爾（Amy Bonsall）是「nau」公司的執行長，這間公司的宗旨是協助客戶的事業發展欣欣向榮。二○一五

年那時，她在新加坡生活，工作是設計師。[39] 她和團隊受託協助一間矽谷科技公司改造他們在新加坡的工作空間。出於研究目的，她和團隊到附近的烏敏島（Pulau Ubin）旅行；這座小島上的居住空間仍維持著新加坡現代化以前的合院形式，個人空間極小，但公共空間極大，而且每位居民都必須適度出力做好自己負責的任務。艾咪採訪了一位離開都市到島上落腳的藝術家。這位藝術家雖然整天要從事許多勞力工作，但因為每天都有固定的休息時間，讓她得以好好進行反思，所以反而有源源不絕的創造力。艾咪開始思考：我們是不是拿掉了生活中有助於自己再生的一切事物？我們要如何集眾人之力，協助彼此找到平衡？艾咪從亞洲搬回美國後，發現很多美國人都在做冥想練習，但大多是根據智能手錶的建議，或是因為想要完成應用程式上的一項待辦任務。她說：「我們把這個美好的活動變成個人競賽了。」所以艾咪才決定創辦公司，協助企業組織合力打造有益健康的環境。

在她的培訓課程中，艾咪首先會說明團隊是最適合重頭來過、預防過勞的最佳單位，但大多未受到足夠重視。我們想要憑一己之力撐過八小時（甚至更長！）的上班時間，然後奢望工作結束後能透過冥想或散步這類活動重獲新生，但屆時我們通常早已累歪，做什麼都來不及了。團隊應捫心自問：該如何把平衡融入每日工作中？

　　艾咪表示，重點不在於團隊要採取哪些特定做法，而是要集眾人之力，聚焦於團隊最重視的目標，例如提振精神、創造力、連結互動。她建議在開會前先來個聚焦練習，或是每天安排十五分鐘的練習時間，邀請大家分享帶給他們啟發的事。她並提醒，頭幾次大家一定會覺得很彆扭，甚至會適得其反，這是因為我們已習慣一場接一場的會開下去，休息反而讓我們自覺軟弱或過度放縱（常見的內在咒語是「如果白天都不休息，我會成為更厲害的人！」）。所以戒除這些習慣一定會有些不適應，但我們不是機器，科學也證明休息有助於提升工作表現。如果我們不用自己找時間休息，那效果一定更好。知道自己不是唯一需要休息的凡人，會讓人如釋重負。

　　給團隊的另一個建議是每周安排一次不用開會的專屬時間，像是每個星期五或周五下午都不開會。這對混合式或遠端工作模式來說更是重要。研究已證實，視訊會議更容易令人神經緊繃，還會加劇已很嚴重的「會議疲勞」問題。[40]

領導者：訓練主管提供支援並制定合理工作量

　　海倫・萊斯（Helen Riess）醫師在哈佛醫學院專門研究同理心相關議題，她表示同理心這項技巧可以防範過勞、提升工作滿意度並促進整體福祉。具有同理心的領導者會克服

自身偏見、認真傾聽下屬意見，然後善用自身特權（身居領導職位或因其他因素而具備的）替員工採取行動。主管應定期以有意義的方式和團隊交流互動。建議用下列方式提問：

- 我可以做哪一件事為你提供支援？（相較於「有什麼我可以幫忙的事？」，「哪一件事」比較容易誘導員工提出較佳回應）
- 你現在需要哪些彈性變通的條件？
- 工作上有任何不清楚或受到阻礙的事嗎？
- 過去一周有哪件事對你來說是個人的勝利？哪件事是個挑戰？

身為領導者，最要緊的事應當是創造工作量合理的職場文化。根據世衛組織的調查，全球在二〇一六年有超過七十四萬五千人死於過勞。相較於每周工作三十五小時的人，每周工作至少五十五小時中風的風險大約會提高百分之三十五，死於心臟疾病的風險則是多出了百分之十七。[41]這還是疫情爆發、線上工時增加前的數據！主管應確保員工不會長時間每周工作五十五小時以上，理想時數應該是每周四十小時以下。此外，主管應抱持開放態度，為身心健康出問題的員工提供彈性工時或較低工時，包括有薪假。

就算有好主管、好團隊和好習慣，生活也不可能毫無壓力。

人生路上一定會有起起伏伏。納高斯基姐妹寫道：「健全不是一種生存狀態，而是一種行動狀態。」[42] 就如同生命中的許多事（可以摸到腳趾頭、冰箱裝滿食物、換機油），在現代社會中要避免過勞，你需要不間斷地自我照護與練習。不妨在手機或行事曆上設定每季提醒，問問自己：我是不是又回到會害自己過勞的老習慣了？

我們想向大家提出下列建議：我們經常把度假、休息和照顧自己當成工作的獎勵，但反過來想，其實擁有健康才能做有意義的工作。健康福祉是人生一切其他事物的根本。如果偏頭痛嚴重到只能躺在床上閉目養神，哪還有本事工作；這種最極端的例子我們都懂，但其實日常生活也是這個道理。如果有天你發現自己過度工作了，請務必趕緊找回平衡點。

選擇你的人生道路

莫莉：我也希望能跟各位說，我的故事有個簡單美好的結局，但事實並非如此。感冒和流感好了後，我飛去舊金山參加新書發表會，接著飛往倫敦，至少書沒受到影響。在 IDEO，我要求加入不太需要出差的專案，所以某種程度上，我正在試著好好照顧自己。

但就算已經處理了眼前的問題，身體上的病痛還是引發了一連串的慢性健康問題，時至今日都還在調養當中（請見第六章）。事實上，在寫這本書的過程中，我很多時候都是用口述聽寫的，因為手部和肘部的肌腱問題讓我痛到無法打字。在痛得最厲害的時候，我先生必須幫我綁鞋帶、煮飯給我吃以及開車載我去任何我必須去的地方（我超感激他無盡的耐心和幽默感）。然而，我還是不斷把自己逼到極限，意圖拒絕接受自己已經處於情緒耗竭與身體過勞的狀態。

對我來說，要求在工作上做出變動和減少出差只是解方的一小部分。主要任務是在整整一年的過程中，持續自我療癒和重新建構人生。要怎麼做才能避過勞情況再次發生？首先，我和先生做了個艱難的決定：從紐約搬到了洛杉磯，這裡生活步調較慢，對我的復原有益。我花了整整六個月的時間才不再後悔搬家，並放下過去瘋狂但令人上癮的生活（我的心理治療師對我說：「紐約就是種超級毒品。」）接下來，我決定放幾個月的假不參與新書活動（莉茲很貼心地獨撐大局）。

　　當兵慌馬亂的生活慢了下來時，我才發現自己過去幾年對身心靈的需求都充耳不聞。我已忘了莫莉需要莫莉自己的時間（不同於喬伊・索洛威保險桿貼紙上的話，我發現小時候從不會因為沒事做而焦慮，情況恰恰相反！）

　　我持續和治療師合作，慢慢說服自己，就算沒有在巨星級顧問公司工作、每天運動、和每位朋友保持良好聯繫、在二十四小時內回覆電子郵件、保持家中整潔、跟所有朋友一樣都在懷孕生子，以及把所有事都張貼到社群媒體上，我還是值得被愛且愛自己的。

　　我決定好好休息一下，然後找份比較自我導向、可長久持續下去的工作。我開始拒絕以前都會答應的事，有時甚至會在周末下午看電視（真假！）

　　雖然有時我還是會懷念之前在紐約火力全開的生活，但也知道辭職有其必要性。如同佩瑪・丘卓所寫：「崩潰是種考驗，也是種療癒。」但唯有願意見證那些需要改變的事，並忍受不適採取行動、做出改變，才能展開療癒的過程。佩瑪・丘卓並寫道：「我們大多無法把這種處境當成教育時刻，自然反應就是厭惡不已、拔腿就跑。」[43] 實際情況是，我們一定要把自己搞到精疲力盡、情緒潰堤才會動作。過勞是身體和靈魂在強迫你注意它們，想從中痊癒便需要學著認識自己與生俱來的生活步調並從善如流。

　　知易行難，我基本上也還在努力學習當中。剛開始寫這本書

時，我又重拾惡習、給自己莫大壓力。我最討厭截止期限步步逼近的感覺，所以習慣早早就把事情做好（我從小就是走「周五晚上寫完功課」的路線）。過度工作在某種程度上是一種焦慮管理技巧，但未來永遠會有迫在眉睫的事，所以現在我正學著與未竟之事和平相處。

好用建議

- 過勞並非顯而易見：請注意早期徵兆。
- 在焦頭爛額前好好照顧自己。
- 覺察自己是彈性疲乏、漠不關心，還是自覺效率低落。
- 如果是彈性疲乏，請盡百分之八十的力就好，並學會更常說不。
- 如果是漠不關心、提不起勁，請尋求連結互動與安排較有意義的行程。
- 如果是自覺效率低落，請找出可以獲得明確成就的方法，並依據自身重視的價值調整生活模式。
- 如果三者皆是，不要把自我價值和工作混為一談，並好好享受耍廢時間。
- 主管和領導者：將尋求平衡定為共同目標，提供情緒上的支持，並避免讓團隊工作過度。
- 切記，擁有健康才能去做有意義的工作。

過勞風險等級評估表

改編自職業倦怠量表（MBI）

步驟一：請根據以下敘述，圈選最符合個人狀態的程度：

1. 從來沒有
2. 一年會感受到幾次
3. 一個月一次或更少
4. 一個月內感到幾次
5. 一周一次
6. 一周會感到許多次
7. 每天

1. 我的工作使我在情緒上有耗盡的感覺

   從未 1 － 2 － 3 － 4 － 5 － 6 － 7 每天

2. 在一天的工作結束時，我覺得整個人已精疲力竭

   從未 1 － 2 － 3 － 4 － 5 － 6 － 7 每天

3. 早上起來，想到要面對新的一天工作就覺得疲憊

   從未 1 － 2 － 3 － 4 － 5 － 6 － 7 每天

4. 我能很容易地瞭解我的服務對象對事情的感受

   從未 1 － 2 － 3 － 4 － 5 － 6 － 7 每天

5. 我覺得我對待有些服務對象時，好像把他們當作物體而不是人

   從未 1 － 2 － 3 － 4 － 5 － 6 － 7 每天

6. 對我來說與他人一起工作一整天，實在是一件累人的事

   從未 1 － 2 － 3 － 4 － 5 － 6 － 7 每天

7. 我能非常有效地處理我的服務對象的問題

   從未 1 － 2 － 3 － 4 － 5 － 6 － 7 每天

8. 我的工作讓我感覺精力耗盡

   從未 1 － 2 － 3 － 4 － 5 － 6 － 7 每天

9. 藉由工作，我覺得我帶給別人生活正面影響

   從未 1 － 2 － 3 － 4 － 5 － 6 － 7 每天

10. 自從接了這份工作以後，我對他人變得比較無情

    從未 1 － 2 － 3 － 4 － 5 － 6 － 7 每天

11. 我擔心這個工作使我情感上變得冷漠無情

    從未 1 － 2 － 3 － 4 － 5 － 6 － 7 每天

12. 我覺得充滿活力

    從未 1 － 2 － 3 － 4 － 5 － 6 － 7 每天

13. 我的工作讓我覺得受到挫折

    從未 1 － 2 － 3 － 4 － 5 － 6 － 7 每天

14. 我覺得我對工作付出太多

    從未 1 － 2 － 3 － 4 － 5 － 6 － 7 每天

15. 我並不真的關心我有些服務對象發生了什麼事

    從未 1 － 2 － 3 － 4 － 5 － 6 － 7 每天

16. 與他人直接接觸一起工作帶給我很大的壓力

從未 1 — 2 — 3 — 4 — 5 — 6 — 7 每天

17. 能輕易地與服務對象共同創造一個輕鬆的氛圍

從未 1 — 2 — 3 — 4 — 5 — 6 — 7 每天

18. 與我的服務對象一起緊密工作後，會覺得興奮

從未 1 — 2 — 3 — 4 — 5 — 6 — 7 每天

19. 在這個工作中我已完成了許多有價值的事

從未 1 — 2 — 3 — 4 — 5 — 6 — 7 每天

20. 我覺得我好像已經到了智窮力盡的地步了

從未 1 — 2 — 3 — 4 — 5 — 6 — 7 每天

21. 在工作上，我可以很平靜地處理情緒問題

從未 1 — 2 — 3 — 4 — 5 — 6 — 7 每天

22. 我覺得服務對象會拿他們自己的問題來怪罪我

從未 1 — 2 — 3 — 4 — 5 — 6 — 7 每天

▽評估結果請見次頁▽

步驟二：請根據答案加總分數：

情緒耗竭總分：

加總問題 1、2、3、6、8、13、14、16、20 的分數

≤ 20：較低程度 | 21-42：中等程度 | ≥ 43：較高程度的情緒耗竭

憤世嫉俗總分：

加總問題 5、10、11、15、22 的分數

≤ 11：較低程度 | 12-23：中等程度 | ≥ 24：較高程度的憤世嫉俗

效率不彰總分：

加總問題 4、7、9、12、17、18、19、21 的分數

≥ 38：較低程度 | 37-19：中等程度 | ≤ 18：較高程度的效率不彰

步驟三：請運用步驟二算出來的分數，找出自己屬於過勞風險等級評估表中的哪一類：

- **非常投入**：較低到中等程度的**情緒耗竭**、**憤世嫉俗**與**效率不彰**

  - 你狀況不錯，至少感覺還可以。

  - **主要機會**：注意哪些情境會害你離過勞愈來愈近，然後主動設定界限。

- **彈性疲乏**：較高程度的**情緒耗竭**
  - 什麼事都讓你感到難以招架，而且你已工作過度。感到彈性疲乏通常是因為工作太多，或置身於必須隨時待命的職場文化。但也可能是因為你手上排了太多私人事務，或是健康問題、家庭義務占去你太多時間。
  - **主要機會**：習慣盡百分之八十的力就好。減少工作時數（不管是白天的工作或其他義務皆同）。學習畫下並尊重自己的界線。

- **感到疏離**：較高程度的**憤世嫉俗**
  - 你感覺與同事沒有任何交集，而且對周遭的人缺乏同理心。當你過度努力或不再覺得自己做的事有任何意義，就會開始感到漠不關心。
  - **主要機會**：想一些小方法和同事交流互動或重新建立連結。

- **效率低落**：較高程度的**效率不彰**
  - 你自覺能力不足且毫無生產力。實際上你的工作成效可能不錯，但自我觀感卻是毫無效率可言。

- **主要機會**：想清楚自己重視的事，然後配合這些價值轉換工作跑道。

- **過度疲勞**：較高程度的**情緒耗竭**、**憤世嫉俗**與**效率不彰**
  - 你已不只是疲憊，更覺得灰心喪志、孤獨疏離。
  - **主要機會**：不要把自我價值和工作混為一談，並留些時間耍廢。

第五章

完美主義

完美主義只會讓人感到一無是處，而非十全十美。

瑪麗亞・施賴弗 (Maria Shriver)，記者、作家

莉茲：我大半輩子都以為自己必須表現完美才值得被愛。

和馬克欽約會幾個月後（現在是我老公），我經歷了嚴重的食物中毒。那天我打電話給馬克欽取消晚餐約會，結果他說不然他帶雞湯和薑汁汽水來看我好不好。我聽了心臟爆擊，一時糊塗便答應了他，但電話一掛整個人就慌了起來。我根本病到腦袋不清楚了，完全忘記公寓亂到像被炸過一樣。

我馬上跳下床，瘋狂打掃家裡，把滿地的衣服撿起來，倒掉咖啡桌上喝一半的馬克杯，再把沙發上的抱枕排好，然後下一秒衝進浴室吐得亂七八糟。

現在回想起來，我覺得自己有夠扯。

當時我不覺得執迷追求完美有什麼不對，因為只有這樣才值得被愛啊。馬克欽愛上的是精選特輯裡的我，不管是髮型還是抱枕，都能打理得有條不紊，遠比真實版的我好上太多了。

然而，幾個月後馬克欽問我要不要和他住在一起，我精心策畫的完美表象突然危在旦夕。如果我們長時間住在一起，馬克欽用不了多久就會發現我拼命隱藏的真相：我是個邋遢又情緒化的女人。

真實的我長這樣：最喜歡的睡褲是條阿伯才會穿的寬口四角褲，屁股上還破了一個洞。如果那天的工作特別累人，我會站在廚房，在爆米花上狂倒醬油，直到爆米花變得又濕又軟，再用湯匙大口舀著吃。在某些夜晚，我會對自己的存在產生莫大焦慮，

然後像被困住的動物一樣，不斷繞著公寓踱步，直到氣力放盡。馬克欽完全不知道我這一面。

同居這件事讓我一天比一天焦慮。馬克欽問我：「你究竟怎麼了？」那些正確的字眼飄在半空中，我怎麼也抓不到，只能咬著牙回說：「我沒事。」我感覺好像有隻無形的手緊緊揪住我的胸口，馬克欽會發現我不是個完美的約會對象，然後決定離開我。這段對話就像鬼打牆，完全看不見出口。馬克欽鍥而不捨地追問：「但我知道一定有哪裡不對勁。」

有天他終於對我說：「我想幫忙，你明顯有心事，卻不讓我插手。如果你不想辦法敞開心房，我不確定同居這檔事行不行得通。」

我對完美的執著把馬克欽愈推愈遠，我一定得有所改變。

ele

二〇〇五年，心理學家戈登・弗萊特（Gordon Flett）和保羅・休伊特（Paul Hewitt）決定要找出完美主義對績效表現的影響。[1]他們有任何發現嗎？研究顯示完美主義確實帶來翻天覆地的改變，以出乎眾人意料的方式。

他們觀察專業運動員時發現，有完美主義傾向的運動員容易過度擔心失誤，對犯錯的恐懼讓他們無法發揮潛力，進而導致表

現不如同儕。[2]

一般來說，完美主義是不切實際的執念，害人希望自己白玉無瑕，還會伴隨著強烈且負面的自我對話。追求一百分沒有問題，因為就算只拿到九十四分，也可以對從中獲得的知識感到開心；但如果拿到九十九分，卻還不斷苛責自己，就另當別論了。

過去三十年間，西方國家對完美主義的痴迷已攀升了近百分之三十三。[3]此調查結果來自於一九八九年至二〇一六年間，由近五萬名美國、加拿大和英國的大學生填寫的問卷答案歸納而得，顯示出我們對自身表現太過嚴苛，且過度希望保有零缺點的形象。[1]

研究人員指出，這項數值的飆升主要有兩個催化媒介：網際網路與精英主導的自由市場。[5]相信各位都知道，Instagram、領英和抖音這些社群媒體平台是如何讓我們自我感覺糟透了，此點我們已在第二章詳述，現在要把重點放在第二個驅動因素。

　　共享和公民責任的美德已漸漸由自利和競爭取而代之。[6] 我們在一連串令人眼花撩亂的指標下被排名和分類：測驗分數、成效評估、職稱頭銜、社群媒體上的存在感、被迫成為興趣的履歷加分題等等，族繁不及備載。一旦內化了這些自由市場的教條，也就是個人價值等同於付出的努力，你就會開始相信，如果不像別人一樣活得多采多姿，在某個層面上就是徹頭徹尾失敗的懶惰鬼。作者安‧拉莫特（Anne Lamott）在她的著作《縫補傷口：如何找尋人生的意義、希望和修復》（暫譯，*Stitches: A Handbook on Meaning, Hope and Repair*）中如此寫道：「沒有人來到地球時就是個完美主義者或控制狂，也沒人一出生就如此畏縮膽小。你是為了存活，才學會卑躬屈膝。」[7]

　　如果你本身屬於歷史上代表性不足的族群，就會面臨更多力求完美的壓力。相較於男性，女性較容易追求完美主義。而研究顯示，種族歧視也跟完美主義傾向與憂鬱有所關聯。[8] 一位黑人行銷經理潔德跟我們說：「在成長過程中，大家都說我必須加倍努力，才能贏過其他白人同儕。直到現在，我還是會有股難以克制的焦慮感，覺得必須拼命證明自己是憑本事升官的。」[9]

　　在重重壓力之下，要如何大步向前？我們將在本章證明，這些對完美主義的信念根本連完美的邊都沾不上。雖然我們躲不掉社會體系的壓力，但或許可以學著把心理健康和個人幸福擺在首位。我們將明確指出讓你身陷囹圄的思維模式，並提供指南讓你

朝著更健全的世界觀前進。最後，我們會為你準備實用工具，讓你在落入完美主義的魔爪時奮力抵抗。

完美主義

覺得我可以
做更多

做得更多

　　正式開始前，我們要先澄清一件事：逃離完美主義的圈套不在於達成特定目標（我們超懂，身為洗心革面的完美主義者，我們超愛目標的！），而是在於自我接納和自我憐惜，唯有如此才能掙脫束縛、重新出發。

完美主義的迷思

迷思一：完美主義者就是資料夾一定按顏色分類、每天行程也安排妥當

我們很容易認為完美主義者看起來就是，呃……完美。我們常把完美主義和 A 型人格畫上等號，也就是有條有理、衝勁十足、善於規畫。但完美主義其實通常是源自於自尊心低下，而且只聚焦於避免失敗。

許多有完美主義傾向的人並不認為自己是完美主義者，因為設下的標準太高，反而覺得自己比較像失敗作品，而非完美作品。但完美主義的版本五花八門，只要有下列症頭，就表示你已太過把自身價值建構在不切實際的理想上：

- 你總是無法對自己的成就感到開心。你太過執著於完美，有時會錯過重要截止日期，甚至會想說早知道連試都不試了。
- 你需要獲得實體認證才肯相信自己的聰明才智或價值。你總認為一定要達成某個里程碑或取得證照、學位才能有所貢獻，在那之前你一無是處。
- 你無法關機。就算你想要放下手上工作，還是忍不住在腦中列出檢查清單。
- 你慣性討好他人。如果沒有獲得旁人肯定，你便覺得

自己毫無價值，反覆糾結自己可能哪裡沒做好。你的自信心（和成就感）就像臨床心理學家米歇爾·布魯斯坦（Michael Brustein）形容的一樣：「是個破了洞的油箱。」[10]

- 你已經累歪了，但唯一想到的解決之道卻是再多做點什麼。
- 你低估自己的成就。如果朋友說你的成就令人佩服，你只會覺得是因為他們不懂這個產業。

如果上面這些症狀讓你點頭如搗蒜，別擔心，你不孤單。讀者娜塔莉和老公從南加州搬到奧勒岡時，她看見重新開始的機會，不僅開始慢跑、不再抽菸，還找到超棒的新工作，非常期待展開健康美好的新生活。

但遠離原本的朋友圈遠比她預期的困難，而展開新工作的壓力更讓她焦慮症發作、擔心自己能力不足。娜塔莉感到灰心喪志，覺得新生活不如想像中的順利。為了奪回些許控制權，她開始嘗試生酮飲食並追蹤每天攝取的巨量營養素。她回想道：「我那時就是個混帳，每次想起我對自身飲食習慣發表的言論，尤其是我對體重比我重的朋友講的那些話，就覺得超丟臉的。」

娜塔莉當初並不認為自己的行為跟完美主義有任何關係，是在治療師的指點下才有所覺察。*「我只是覺得自己好像終於邁入

正軌，即將成為我應該成為的那種人，只要再加把勁就能辦到了。」[11]

　　完美主義的呈現方式會因時空背景而有所不同。你可能在不同的社會情境中覺得自己必須建立完美形象，或是在職場上想做到盡善盡美。簡單來說，即使家裡一團亂，或過去六個月都沒有升遷，你還是可能在其他方面深受完美主義所苦。

　　事實上，完美主義經常以拖延症的方式呈現。莉茲的朋友傑熱愛攝影，但拒絕給別人看他的照片，除非編輯後的作品他超級滿意。他會在三月拍下一張平日健行的照片，然後四月才寄給朋友看——兩年後的四月！有次莉茲去找他玩，發現他正坐在桌前看著一位面露微笑的男子照片，試圖將其中一顆牙齒調成正確的白色。莉茲先去洗了個澡、吃了早餐、回了幾封電子郵件、在附近散了一下步，結果回去後發現，傑還在看那顆放大了數倍的牙齒。

迷思二：完美主義才能把事做好

　　你可能會想：「如果我的外科醫師、財務顧問或下屬是完美主義者該有多好！」

　　心理學家湯馬斯・S・格林斯龐（Thomas S. Greenspon）是《走

＊原書注：完美主義者和控制狂經常會出現異常飲食行為。如有異常飲食行為，請造訪 nationaleatingdisorders.org 尋求相關支援與資源。

台灣版補充：台灣讀者可以尋求各大醫院診所的身心科或飲食障礙門診等專業協助。

過完美》（暫譯，*Moving Past Perfect*）一書的作者，他告訴我們：
「那可不一定，在各行各業中，最為成功的大人物通常都不太可能
是完美主義者，因為擔心犯錯是成功的絆腳石。」[12]

我認為自己拖延的原因

懶惰

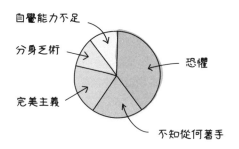

實際上我拖延的原因

自覺能力不足
分身乏術
完美主義
恐懼
不知從何著手

　　讀者卡拉・佩珀（Kara Pepper）是名內科醫師，她也同意：「完
美主義可能會讓人裹足不前。我見過許多醫師因自我懷疑而拖長
了開刀時間或對診斷猶豫不決。」[13]
　　太過執著於什麼事情都要做到完全到位，會損及致勝能力。

高成就者把事情搞砸時，會將之視為學習經驗、調整方向，然後繼續前進，但完美主義者會卡在原地、一再回想自己犯下的所有小錯，然後嚇到再也不敢嘗試。這稱之為「完美悖論」：因太怕失敗而無法行動。[14]

迫切想要表現完美的人通常是全有全無主義者。如果不能成為某個領域的行家，那就是在浪費時間；如果不能達成目標，就表示毫無進展。完美主義者常常因為一點小事出了差錯就直接放棄。

在一項實驗中，研究人員請完美主義者和非完美主義者達成特定目標，並故意改了測試內容，讓所有受試者都不可能通過。猜猜看哪組受試者先放棄了？完美主義者覺得很丟臉，早早就舉手投降，但非完美主義者那組堅持不懈，不斷地嘗試、學習，玩得津津有味。[15]

成功的關鍵就是練習，過程中一定會出錯、失敗和必須針對不懂之處提問。與其花上幾周的時間孤軍奮戰、想方設法讓作品更加完美，到頭來發現成品不是老闆想要的方向，不如早早拿出草稿討論，獲取回饋意見。

我們有時甚至會因為太怕失敗，因此完全不願嘗試。你是否曾看到某個工作條件，公司要求八到十年的年資，但你只有七年的經驗，所以就直接認定自己不符合資格？這就是完美主義要付出的代價。

迷思三：完美無缺才會受到重視

下次你覺得快發瘋時，不妨找出自己真正害怕的是什麼，很可能你怕的根本不是工作的限期、錯過孩子的足球賽，或沒達到自己對身為伴侶的標準，背後的深沉恐懼是失去自身價值，擔心你的存在本身並不值得被愛。

完美主義者很容易覺得自己並非完人，其他人犯錯沒關係，因為他們都是價值非凡的個體。完美主義者會想：「但我不是，我必須證明自己值得被愛。」

雖然有些特質是天生的，但完美主義大多是來自創傷反應。從小需要居中調解或控制雙親情緒的孩子，特別容易長成有完美主義的大人，他們從很小的時候就認知到所處環境並不穩定或安全，因此必須跳下去幫忙。

　　讀者卡嘉從小就遭到父親身體和心理上的虐待，她想盡了一切辦法要取悅父親，好讓自己逃過那些殘酷的對待。她說：「我那時會在下雪天清理冰箱，或是按字母順序去整理香料櫃。」

　　卡嘉對完美主義的信念延續到了成年：即使婚姻幸福美滿，她還是常常熬夜把廚房流理檯打掃得一塵不染。有天，她看到一句格言：「完美主義是自虐的表現。」她瞬間深受打擊。她對我們說：「那句話改變了我的一生。我這輩子拼了命想擺脫受虐關係，到頭來卻成了自己的施虐者。」[16]

　　就算你成長於充滿愛與支持的環境，還是可能接收到許多訊息都是在宣揚求功成名就的價值。或許爸媽會在你考得好或贏了足球賽時帶你去吃冰淇淋，但在你表現不突出或隊上輸球時就不發一言。時間一久，就會內化「表現好才值得被愛」的想法。[17]

　　完美主義會給人手握主導權的錯覺，因此可以短暫獲得情緒上的紓解。我們對自己說，只要把每件事做對，就不會受到拒絕與虐待了。心理學家稱之為「迷信思維」，也就是深信某件事會導致另一件事的發生，即便兩者間沒有明顯關聯。

　　但想當然耳，完美是無法企及之事，無論再怎麼努力，壞事還是有可能發生。

羞愧感與罪惡感

當我們把瑕疵歸咎於自身而非行為本身時，我們會感到羞愧；反之，罪惡感通常來自於我們不喜歡自己的某個行為。假如你忘了回朋友的信，結果你對自己說：「我這個人真差勁，」這是羞愧感，罪惡感則是「我這麼做真差勁。」

羞愧感會讓我們退縮不前，認定自己本身是問題源頭，不想讓自己的存在成為別人負擔。當我們有罪惡感，會認為自己做了錯事，因此比較能夠想辦法去補救。事實上，研究顯示有罪惡感時，我們會比平時更加注意到幫助、道歉等字眼。[18]

克服羞愧感最有力的辦法是與信任的人開誠布公地談談。作家布芮尼·布朗解釋到：「如果我們可以和別人訴說自身故事，對方又能理解且以具同理心的方式回應，羞愧感就不會揮之不去了。」[19]向他人揭露自己一直想要掩蓋起來的事，你的思維就會從「我絕對不能跟別人說，我是個惡劣的人」，轉換成「不是只有我這樣，其實朋友也曾犯過類似錯誤或有類似感受，她不是壞人，那我一定也不是。」

有位學員曾在工作坊上和大家分享，在線上支援社群坦白自身的羞愧感給她帶來了莫大幫助。他們說：「線上社群對家暴受害者或有醫療問題的人來說是效用極佳的工具，和一群主動選擇加入社群的人分享自身故事容易多了。」

研究顯示，降低羞愧感的另一個方法是將之轉換成罪惡感。當你出現「居然忘了回信，我真是個爛人」這種念頭時，請把焦點放在特定行為上，你要告訴自己：「我忘了回信，好對不起對方。」接下來可以想辦法道歉或彌補犯下的錯誤。記住：你不是什麼事都做不好的魯蛇。當然，一定有需要改進的地方，但你可以採取行動。

別忘了參考 p.309 的「羞愧感與罪惡感相關資源」。

ele

莉茲：在馬克欽的溫柔敦促下，我開始看心理治療師，為的是不要成為自己的絆腳石。

在頭幾次的晤談中，有次治療師請我描述自己和寵物相處時的一次愉快經驗。蘇菲的身影馬上出現在我腦海，她是隻毛茸茸、圓滾滾的波斯貓。

幾個月前，我們為馬克欽的叔叔阿姨顧家，照顧蘇菲也是工作之一。她已經十七歲了（也就是超級老），每次呼吸都會發出刺耳的小小鼾聲。如果我在沙發上工作，沒多久她就會用一種緩慢又優雅的姿態走來，然後出其不意地在我身邊坐下。她的長相和討人憐愛的小狗完全相反：整張臉全皺在一起，像個愛發脾氣的

陰森老太婆，然後吐氣時的打鼾聲讓她顯得更加厭世了，但我超愛她像個毛球般靠著我的感覺。

治療師指出：「蘇菲光是坐在旁邊，就讓你非常開心，沒有講任何笑話，也沒說出什麼讓人印象深刻的冷知識，僅僅是單純地陪伴與存在就已足夠。」

接下來的幾周，治療師助我鼓起勇氣、進一步敞開心胸。他列了幾個我做得到且不會太過躁進的小事，讓我更容易在馬克欽面前展現脆弱的一面，我深信他是會愛我、支持我的良人。於是，我做了碗又濕又軟的醬油爆米花，然後在他面前享用；恐慌症發作時，我跟馬克欽說：「我覺得自己愈來愈焦慮了，」然後要他抱緊我。

每當我回想自己和心愛的人最親近的時刻，都是他們敞開心胸分享自身焦慮或軟弱的經驗。我發現試著把自己塑造成超人形象，就等於奪去他們在我身上獲得相同親近感受的機會。

在治療師和我的所有對話中，蘇菲的故事留下了最深刻的印象。「單純地陪伴與存在就已足夠。」我一直以為自己必須令人驚艷、幽默風趣並散發正能量，才值得被愛或使人心悅，但其實大家需要的常常只是陪伴而已。

應對辦法

　　雖然完美主義可能只體現在許多細微不可見之處，但與全有全無的思維模式有著驚人的相似之處：「下次公司的全員大會中，如果我在發表簡報時吃螺絲一次，以後就永遠不可能被視為領袖人選了。」或是：「如果朋友看到我家客廳一團亂，他們就會對我品頭論足，然後再也不喜歡我了。」

　　我們將在這個章節帶各位梳理這些亂七八糟的想法，然後全心擁抱更加善待自己且合乎實際的觀點。

　　不要忘記：就算在療癒路上偶爾走偏了也沒關係，這就跟人生中的其他事一樣，沒什麼是盡善盡美的。

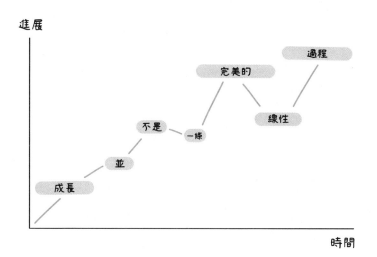

1. 摒棄完美主義於己有益的想法

如禪語所說：「一念放下，萬般自在。」

有完美主義傾向的人不會明白，他們能成功不是因為追求完美，而是因為克服了追求完美的衝動，萬不可倒因為果。心理學家湯馬斯・S・格林斯龐告訴我們：「我經常對患者說，如果我有個神奇魔杖，揮一揮就能帶走你的完美主義，你一定會比現在更加成功。你的成功是來自於你的精力、才華、努力，這些才是一定要保留下來的特質。」[20]

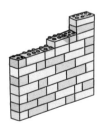

完美主義破壞力最強大之處在於，它讓我們無法對自己仁慈。我們擔心自己一旦鬆懈下來，就會過度自滿、養尊處優。心理學家潔西卡・普瑞爾（Jessica Pryor）觀察到，許多完美主義患者都擔心她會「把他們變成軟爛的沙發馬鈴薯，而且還要他們覺得這樣沒關係。」[21]

但偷懶一下反而會讓我們有更大的進步空間，而且更不會輕易放棄。在一項實驗中，當參與者在日記中寫下善待自己為什麼

會於己有益的具體內容後，接下來一周對自己比較寬容的機率就提高許多，進而在心情和表現上也都變得更好。[22]

對追求完美的渴望也會害我們無法建立深度連結。讀者金珀莉之前每次寫信或傳簡訊對她來說都是一大折磨，因此有時乾脆直接不回了。雖然完美主義者都希望別人喜歡自己，「但反而把別人推的更遠──這就是所謂的神經質矛盾行為。」心理學家保羅‧休伊特（Paul Hewitt）如此解釋。[23]

最後，完美主義通常會損及領導能力。研究人員將主管分為以下三種類型：

- 很可以的主管：設定明確目標，但讓員工自己想辦法達成
- 不太行的主管：做事毫無章法或鮮少找員工討論進度
- 管太多的主管：是完美主義者，對於工作流程中每個步驟的執行方式設下非常嚴格的標準

只要問到想選哪類型主管，多數人都會選「很可以的主管」。[24]如果你曾在管太多的主管手下工作過，大概會覺得這個研究發現是正常發揮。工作時有人監督你的一舉一動，還不斷吹毛求疵，會成為你最強大的動力──去找新工作。

坦白從寬，請誠實面對完美主義讓你付出了多少代價。不妨問問自己下列問題：

- 完美主義對我的心理健康造成哪些影響？
- 對我的關係又有哪些影響？
- 在工作上是如何扯自己後腿？

2. 探索過去從何處學到自己不夠完美的信念

如果你是完美主義者，那肯定是在某個時間點學到，只要沒做到出類拔萃，就會遭受傷害或拒絕。讀者梅格的父母替她設了極高的學術與事業標準，只要成績拿到「B」，爸媽就不跟她說話好幾個星期。時間一久，梅格內化了這些訊息，每次只要犯了任何小錯，她就會嚴厲地斥責自己，因此常常無法放下過錯、繼續前進。[25] 先前提到的內科醫師卡拉，以前也受到相同制約，認為沒有達到十全十美就是懶散又可恥。有次她胃腸炎非常嚴重，但還是跑去上班了，然後推著點滴架完成醫院的巡房工作。[26]

達到我們眼中的「完美」確實能帶來情緒上的慰藉，但好景不常。長期來看，完美主義的弊大於利。梅格現在與父母非常疏離，而且朋友來拜訪時，家裡如果沒有打掃得一塵不染，她還是會十分焦慮。而卡拉甚至差點因過勞而不再行醫。

在開始為自己規畫更好的人生道路前，請寫下自己的完美主義思維，然後針對下列問題進行反思：

- 我從何處學到要對自己有如此期望？
- 我的完美主義是想要保護自己免於受到什麼傷害？

- 如果達成了自己的期望，擔心害怕的事就不會成真了嗎？
- 我想對年輕的自己說什麼？

你以為自己值得被愛的時間點

減重　升遷　不再焦慮　時間

事實上你值得被愛的時間點

現在　還有這裡全部　時間

　　唯有承認這些故事造成的影響，我們才更有能力去推翻它們。讀者賈奈兒兼具移民、女性與有色人種的身分，她以前經常承受莫大壓力，必須證明自己是靠實力獲得手上工作。她說：「一定有人認為我不配擁有我取得的成就。」但隨著時間推進，她開始將自身的幸福快樂擺在拼命工作之上，花更多時間和朋友相處，在他們面前放心做自己。「我真的說了句『去他的』，然後決定要依自己的心意過生活。」[27]

3. 掙脫完美主義自我敘事的束縛

當你找出這些早已深入骨髓的故事和期望後，下個步驟便是遠離這些想法。問自己下面三個問題的效果不錯：

- 沒了這些標籤和角色後我是誰？
- 朋友會如何描述我？
- 沒有這些期望的話，什麼是我想要或需要的？

頭兩個提問是為了協助你找出自身值得被尊敬、被愛的價值所在，無關乎表現、樣貌或狀態。請盡量不要使用與以下三個類別相符的敘述方式：

1. 表現（例如「成功」或「高收入」）
2. 長相（例如「漂亮」或「有男子氣概」）
3. 別人的看法（例如「模範」或「強大」）

換句話說，如果不能說自己是頂尖學生、母親或移民後代，你要怎麼描述自己？朋友喜歡你的哪些特質？（小提示：我們猜朋友不會瘋狂稱讚你清空收件匣的能力啦。）如果不太知道如何下手，不妨參考一下我們從讀者那聽來的幾個範例：我很幽默風趣、慷慨大方。我品性良好。我心胸開放、不愛批判。我會試著理解不同的觀點。我很善於傾聽。我熱愛學習。我不怕挑戰。我很真誠。我天然呆。

　　第三個問題：如果不用遵守他人規則，你會成為什麼樣的人？莉茲的父母是移民，從小他們就鼓吹莉茲成為神經外科醫師、財富管理師或企業律師。但當了二年的顧問，每天盯著彭博終端機到凌晨一點，她很快就過勞了。接下來好幾個星期，她都不敢告訴爸媽自己打算辭職。當她終於鼓起勇氣打這通電話，爸媽居然出乎意料之外地支持她的決定。她的父母從來沒有惡意，只是希望莉茲有大好人生（收入優渥的穩定事業），但結果對她來說這卻不是最適合她的人生（風險較高但對個人來說更有意義的職涯）。

　　讀者伊莉莎白因為有身體上的殘疾，所以同事常常認為她是「超人類」，這個標籤有時壓得她喘不過氣。多年來，她覺得自己被迫要扮演「永遠都很樂觀的殘疾人士」這樣的角色，從不抱怨，而且總是能夠自行解決問題。伊莉莎白花了不少時間，並換了新工作才明白，她可以開口請人幫忙，別人也不會因此認為她能力不足。[28]

我以為自己應該成為的我

真正的我

4. 用「趨向目標」取代「逃避目標」

如果目標是不要失敗，就永遠不可能自我感覺良好。「不要失敗」並非能實現抱負的里程碑，也不是會讓人心情振奮的理由。

要打破這個循環，首先要設定心理學家所稱的趨向目標（追求正面結果），而不是逃避目標（避免負面結果）。舉例來說，如果你在公司準備要發表簡報，請對自己說：「我打算用說服力十足的說故事技巧讓大家留下深刻印象」（趨向目標），千萬別說「我希望不要看起來像是不知道自己在幹嘛」（逃避目標）。

逃避失敗當然可以是動力來源（莉茲在高中時拼命讀書就是為了不讓父母失望），但一定會伴隨著諸多壓力與負擔，而且每次想到目標都會感到難受。「別讓爸媽失望！」這種念頭年復一年在腦海中盤旋肯定不是什麼令人開心的事。反過來看，趨向目標則會讓人躍躍欲試、滿心期待，達成目標一定值得大肆慶祝！對高中的莉茲來說，趨向目標應該是「考上加州的夢想學校」。

關鍵在於從小處著手，而且需要輔以充滿愛與支持的環境。治療師芮貝卡·紐寇克（Rebecca Newkirk）和我們說，要治癒完美主義的症頭，你必須讓「身體和大腦在可能啟動創傷反應的情境下感到安全無虞。」而且在復原過程中，請不要輕易把家人或一起長大的同伴當作支持力量。芮貝卡表示：「因為你想要解決的需求常常是因他們而起，所以就算你們深愛彼此，但這些人或許不是伸手求援的最佳人選，至少不要在剛開始療傷的時候。」[29]

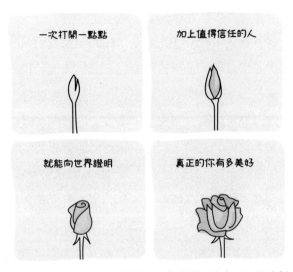

　　慢慢適應了新的生活安排後，莉茲知道自己可以信任馬克欽，所以沒有設下任何逃避目標，像是「小心行事，不要讓馬克欽覺得我軟弱又黏人」，而是給自己一些小小的趨向目標，例如「下次情緒低落時，我會跟馬克欽說一聲，讓他有機會安慰我。」在這些小地方敞開心房後，她還會檢視自己有何感受。漸漸地，她愈來愈能自在分享心情，因為有愈來愈多證據顯示，即便她狀態不好，支持系統仍然不離不棄。她教會了自己，不必完美也值得被愛。

5. 承認夠好就夠了

　　如果你一直在為某件事努力，卻無法帶來任何改變，或變得

過度執著，有天你就會開始故意傷害自己。

戴夫是「露天看台」（Bleacher Report）體育網站的領導者，他鼓勵團隊（和自己）工作只要做到八成，就可以和大家分享成果。他和我們說：「專案不用等到追求完美的發起者認定十全十美，通常就已經可以視為完成了。事實上，別人可能根本看不出來百分之八十和百分百的差別。」根據他的經驗談，相較於重現你認為一百分的專案，複製百分之八十的專案容易多了。[30]

要做到在「夠好」時就停手，你必須放下全有全無思維。許多值得做到百分百的事，就算只做到二成仍有其價值。即使跑不了五英里（八公里），跑個一英里（一點六公里）也總比完全不跑好。貝琪是名顧問，她在辦公桌附近貼了張便利貼，上頭寫著「B+ 的努力就能改變世界，但什麼都不幹就誰也幫不到。」[31]

習慣做到夠好就好需要練習，而且當下的感受可能會糟到不行。艾莉絲・普羅沃斯特（Alice Provost）在加州大學戴維斯分校（University of California, Davis）擔任顧問工作，她想試著能幫助教職員克服完美主義傾向，因此請這些人員上班時稍微放鬆一點。她鼓勵大家早上九點再到辦公室、盡量在下午五點前下班、午休時間休好休滿、辦公桌亂亂的也沒關係。當下執行的時候，所有教職員都覺得很可怕，但事後回想起來，他們承認「原本〔一直〕很擔心的事其實根本沒那麼重要。」[32]

完美主義者的開關控制器

擁抱「夠好就好」的概念也有助於你對抗拖延症。提醒自己，我們都是從做中學、學中做的，如果想變得更加擅長某事，最快達成的方法就是練習。下面三個問題可以幫助你對抗拖延症頭：

1. 如果不去嘗試，長遠來看我的感受會是如何？

2. 我能採取的最小行動是什麼？

3. 如果可以做件事來達成目標，會是哪件事？[33]

許多讀者會對自己說：「我先試五分鐘看看，然後再決定要不要放棄。」這樣講的效果也很不錯。

6. 擺脫總是可以、絕對不會的思維

這些詞彙通常就是有完美主義、全有全無思維的徵兆 。「好員工總是可以準時把工作做好。」「好媽媽絕對不會對孩子發脾氣。」

哈佛心理學家艾倫・南格（Ellen Langer）博士發現，語言對

行為有極大的影響力。[34] 在一項實驗中，當受試者用鉛筆寫錯字時，可以拿到數項物品，其中包括一條橡皮筋。一部分的受試者被告知：「那是條橡皮筋」，結果只有百分之三的人發現它可以當橡皮擦用。但另一組受試者獲知的訊息是：「這可能是條橡皮筋」，結果有近半的受試者發現它可以用來擦掉寫錯的部分。

下次你發現自己又有「總是可以」、「絕對不會」這些念頭時，請重新框架整個情境。假設你下班後累壞了，無法和朋友一起晚餐，不要想「我總是讓別人失望」，請告訴自己：「我不參加這次活動是為了好好照顧自己。」你也可以提醒自己之前曾經出席過多少次活動。

讀者蓓瑟妮在當實習生的頭幾周常常失眠，因為她很擔心自己的工作表現。她和我們說：「我以為實習生絕對不能犯錯，而且總是必須最後一個離開辦公室。」後來蓓瑟妮的治療師問她，主管對她有這些期望嗎？她回想：「我恍然大悟，除了我自己以外，從來沒人說我做的不夠好。」她開始試著放鬆心情上班、更常發問，晚上也會早點離開辦公室，結果暑期結束時她還是拿到正職工作合約了。[35]

我們皆非完人。就算是最為成功的人士還是會漏看電子郵件、長痘痘以及感覺狀態不佳。所以從現在開始，你要花時間找出最近你為自己設下的過高期望，甚至包括藏在潛意識中的想法，然後放下它吧。

當你有以下想法：

請重新框架、再次出發：

7. 為內心的完美主義者取名，尋找不完美的榜樣

為了拉開你本人和內在批判的心理距離，不妨試著替它取名字。舉例來說，作家安柏・瑞（Amber Rae）將內心的那位完美主義者取名為格蕾絲，當她不小心又把自己操到疲於奔命時，她會對自己說：「吼呦，格蕾絲又來了。」[36]安柏不會叫格蕾絲閉嘴，反而會問她：「你在怕什麼？要怎麼樣你才會有安全感？我們兩個可以如何合作？」透過這些問題，安柏讓格蕾絲從獄卒化身為導師。安柏和我們說：「一般來說，格蕾絲需要肯定與保證，只要我能讓她更加安心、不再害怕，就能善用格蕾絲的天賦：重視細

節、一絲不苟、品味超群。」

　　高階主管教練美樂蒂・懷爾汀（Melody Wilding）建議，取名時請選個好笑的名字，或是依電影、書籍中的角色來命名（她稱自己的內在完美主義者為阿呆）。她在書中寫道：「我有個客戶稱他的內在完美主義者為黑武士達斯維德，還買了個小型的達斯維德公仔放在辦公桌上，提醒自己隨時注意心中的批判聲音。」[37]

　　你也可以找出自己欣賞且沒有完美主義傾向的對象，或許你甚至是欽佩他們擁有的「遠大目標」。莫莉最近因為沒和朋友透過電話和簡訊好好保持聯繫而有些罪惡感，所以她主動聯絡了一位朋友，結果她們一直錯過彼此的電話。於是莫莉傳訊給她約時間見面，朋友的回覆是：「親愛的，很抱歉我怪裡怪氣的。老實說，我現在正在做試管，所以每天都在碰運氣。再過幾周我就能休息一陣子，到時我們再聯絡。」莫莉愛死了這段訊息了，一部分是因為她能同理朋友的罪惡感和無措感，一部分也是因為佩服朋友的勇氣。

ele

　　莉茲：我還是很難對別人敞開心房，即便顯露出脆弱，還是忍不住會用笑話或「但其實我沒事啦」做結尾。其實在寫這本書時，莫莉指出我每章的故事結尾都有這種傾向：「我有整整三個月

的時間都異常焦慮，但我學會了調適自己，然後就萬事太平啦。」

　　實際情況：完美主義仍不時會出來搗亂，有時馬克欽還是要追問好幾次，我才會承認自己有點鬱卒。但我已經比之前好多了，現在我知道過去對情緒錯誤的信念是來自於不正確的假設（如果我不完美，馬克欽會離我而去），因此比較容易（大多數的時候）甩開這種想法，直接了當地告訴他：「我今天真的覺得壓力好大，而且快被你喝咖啡發出的噪音煩死了。」（看吧？還是忍不住要開玩笑。）

好用建議

- 就算自覺不完美，你還是可能有完美主義傾向。
- 摒棄完美主義於己有益的想法。
- 探索過去你是從何處學到自己必須表現完美才會受到重視的想法。
- 戳破完美主義的自我敘事。
- 用趨向目標取代逃避目標。
- 承認夠好就好了。
- 擺脫全有全無思維，避免使用總是可以、絕對不會這類字眼。
- 為內心的完美主義者取名，尋找不完美的榜樣。

完美主義風險等級評估表

你是健康奮鬥者還是完美主義者？

步驟一：請根據以下問句，找出你落在兩個選項之間的哪個等級。

1. 今天有「純粹做好玩」的專案可以做，你的感覺如何？
   躍躍欲試且興奮不已 1 － 2 － 3 － 4 － 5 － 6 － 7 萬分驚恐：
   最終成品會夠好嗎？

2. 你有多常因擔心工作成果是否夠好，反而害自己錯過交期？
   從未 1 － 2 － 3 － 4 － 5 － 6 － 7 經常

3. 你有多常覺得：「只要＿＿＿，我就會感到有所成就或值得讚賞」？
   從未 1 － 2 － 3 － 4 － 5 － 6 － 7 經常

4. 下班後，你：
   就不再想工作的事 1 － 2 － 3 － 4 － 5 － 6 － 7 不斷想著今天
   犯的錯和還沒做完的事

5. 就算沒有外界認可，你還是認為：「付出是有回報的，真是太
   棒了！」
   經常 1 － 2 － 3 － 4 － 5 － 6 － 7 從未

6. 當你獲得他人認可，你最常有的想法是什麼？
   真開心別人看見我的努力！1 － 2 － 3 － 4 － 5 － 6 － 7 他們
   怎麼都沒看見做不好的地方？

7. 感覺累斃的時候你最可能做的事是什麼？

踩剎車 1 － 2 － 3 － 4 － 5 － 6 － 7 把焦慮當成動力繼續前進

8. 你睡過頭、錯過周六早上的運動課，你覺得今天如何？

沒關係，晚點再運動就好 1 － 2 － 3 － 4 － 5 － 6 － 7 毀了，
我怎麼老是毫無生產力？

9. 你說要帶甜點參加朋友的一人一菜聚餐活動，你的感覺如何？

很高興可以有所貢獻 1 － 2 － 3 － 4 － 5 － 6 － 7 壓力山大！！
超怕大家不喜歡

▽評估結果請見次頁▽

步驟二：請根據答案加總分數，找出自己的完美主義傾向：

- 20 以下：你是健康奮鬥者。
  - 當你把心思放在一項專案上，你會竭盡全力工作、準時交出成果，並在完成後為自己感到驕傲。
  - **主要機會**：注意哪些情境會害你愈來愈靠近某些完美主義傾向（我們都會！），然後避開這些觸發因子。
- 21–42：你有點完美主義傾向。
  - 這種傾向通常會出現在對某個專案特別上心的時候，或是在人生中的某些領域特別明顯，但在其他方面卻不會（例如在工作上是完美主義，但在社交場合卻不會）。
  - **主要機會**：試著寫下完美主義日記。隨時留意那些對自身的質疑是否是來自完美主義，並將之與你對自己的努力付出心滿意足的時刻相比。兩者間有何差異？是某個特定的人，還是某類活動觸發了完美主義／自覺不足的感受？要如何避開或減輕這些觸發因子？
- 43 以下：你是無可救藥的完美主義者。
  - 你的座右銘是「要做就做到最好」。這是你決定是否看重一項專案的原則，而且顯現在人生的諸多層面上，不管是私生活或專業領域。

- **主要機會**：對完美主義者來說，「夠好」永遠不夠好。但對所有專案都放百分之一百一十的心力，遲早會落到過勞的下場。不妨重看一下第四章談論價值的章節，目前有哪些活動或工作不符合你的核心價值？你可以在這些事上放下完美主義嗎？

第六章

絕望

警語：本章含有自殺念頭相關描述。我們並非合格治療師，提供的建議或許適用於莫莉，但不一定適用於各位。本章內容不能當作尋求協助的替代方案。如有自殺念頭，請撥打安心專線 1925(諧音：依舊愛我)，或生命線 1995 及張老師 1980*或參考 p.301 的「台灣讀者適用資源」。你也可以和信任的親朋好友聯絡，就算不想講話，只要有人陪伴（在身邊或電話中），就能防止自殘。

絕望的另一端是生命的起點

尚 – 保羅．沙特 (Jean–Paul Sartre)，哲學家

莫莉：第一本書出版後的第八個月，同時也是我三十二歲生日滿二個月的時候，我突然不想活下去了。

分享這個故事對我來說並不容易。我很注重隱私，根本無法想像所有親屬都會知道這件事，更別提向大眾公開了。但這些感受背負著莫大汙名，我覺得必須讓大家正視這個問題。

我過去沒有任何憂鬱症或心理疾患病史，一直是很樂觀的人，而且事業一帆風順，婚姻幸福美滿。同事都用處變不驚來形容我，朋友還曾戲稱我是「會長」，因為我將大家凝聚在一起，還會負責舉辦聚餐和生日禮物驚喜。我先生則說我異常地冷靜與淡定。

但這些特質轉眼間就隨風而去了。我連續好幾個月都在想辦法面對慢性腳痛的問題，而且實在痛得太厲害了，只要走超過十分鐘或站超過五分鐘就疼到受不了。醫生只能治療症狀，一旦成效不彰，他們就認為問題出在我在腦袋裡。在走投無路之下，我同意一位醫生進行實驗性質的血漿注射療法，結果反而使疼痛更加惡化了。我和先生克里斯剛搬到洛杉磯，我在這沒有朋友，當時又是遠距工作，感到特別地孤立無援。我們本來準備好要試著生小孩，但剛搬家的頭三個月我居然壓力性停經（身體製造太多壓力荷爾蒙真的會導致停經），所以根本不可能懷孕。我原本排解焦慮的主要應對策略是走路和跑步，現在也無法這麼做了。連續幾周都夜不成眠，看不見任何好轉的可能。我知道這些疼痛不是我憑空想像出來的，但醫生不相信我的話，又該怎麼獲得所需的

協助？如果疼痛持續帶給我如此大的壓力，月經怎麼可能會來？我已經憂鬱到幾乎沒辦法做好眼前的工作了，又怎麼可能去找新工作？

　　原本對美好生活的所有想像，現在只剩跳到火車前一了百了的念頭了。在某次從洛杉磯飛往舊金山的航程中（每個月為了工作要出差二次），我選了一輛火車的車號和地點，然後記在手機裡的記事本應用程式；還寫了遺書給家人，打算把遺書留在飯店房間，然後用「Lyft」應用程式叫車，坐去舊金山灣區地鐵站。從機場抵達飯店後，我坐在房裡的書桌前重讀遺書，然後開始止不住地發抖，根本無法撥電話叫車。後來我走到飯店外，沿著內河碼頭漫步。以十月來說，那天的天氣暖和地不得了，整個舊金山都陶醉其中，人們從我身邊跑過、走過，絲毫沒有察覺我的異狀。我的身心承受著極大的痛楚，一邊走、一邊任由眼淚滑落臉頰。回到飯店後，我倒在床上哭到睡著，連衣服都沒脫。

　　這就是絕望。

ele

※譯注：原文為美國的防治熱線，此處改為台灣適用的防治資源。

絕望不是我們慣常會用來形容自身情緒狀態的詞彙。在二〇二〇年以前，絕望甚至在臨床診斷中沒有一套明確定義的量表。[1] 研究人員現已為此情緒訂出七大指標：

- 不抱希望
- 自尊低落
- 覺得不被愛
- 經常感到憂慮
- 寂寞
- 無助
- 覺得對不起自己 [2]

其中有些指標和重度憂鬱症與廣泛性焦慮疾患的診斷標準部分重疊。但最後三項指標（寂寞、無助、覺得對不起自己）並非任何其他特定精神疾患的症狀。[3] 換句話說，絕望包含了感到憂鬱與焦慮，同時又要承受無望、寂寞、不被愛、無助和對不起自己等感受的猛烈炮火，進一步把人推入絕望深淵。如果莫莉當初看到這份清單，肯定每個指標都會打勾。

絕望問題在美國日益嚴重，因而導致的死亡人數也日漸攀升（自殺、酒精或毒品致死事件）。「絕望死」是人類預期壽命自二〇一六年起不斷下修的其中一項主因。研究人員發現，邁入三十大關後，所有人的絕望症狀都明顯增加了。[1] 研究人員將此發現歸

因於絕望感上升，加上人生到了三十歲壓力明顯增加、整體社會的工作選擇劣化，以及社交連結變少。

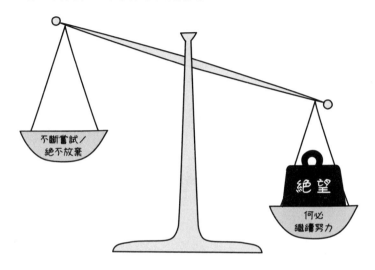

　　各位的絕望感可能尚未像莫莉那般可怕、甚至危及性命。你可能困在看似無望的工作、關係或其他處境；可能是感到與世隔絕、孤單寂寞覺得冷；或許你自己沒問題，卻眼看深愛的人在絕望中苦苦掙扎。又或者你的處境跟莫莉一樣、甚至更糟；若是如此，強烈建議你尋求心理健康專業人士的協助（對莫莉來說有極大的幫助），或**撥打安心專線 1925(諧音：依舊愛我)，或生命線1995 及張老師 1980**，或參考 p.301 的「台灣讀者適用資源」。你也可以和信任的親朋好友聯絡，就算不想講話，只要有人陪伴（在身邊或電話中），就能防止自殘。

不論你感受到的絕望是何等樣貌，根據個人經歷和相關研究，我們可以肯定地說，最佳做法就是馬上尋求協助。走過絕望的法子很多，但一定需要和專業人士攜手合作，單憑一己之力面對這種情緒難如登天。老實說，沒有任何人生捷徑可以擺脫絕望感，只能耐著性子慢慢處理，本章提供的部分建議也只是用來協助各位度過某段黑暗時刻。

但首先，我們想先幫助大家忘掉以往經常聽到的三大鬼故事。

絕望的迷思

迷思一：轉移注意力就沒事了

認為只要用正確的方式分散注意力、給予正向陽光的鼓勵，或是提醒當事人多看光明的一面，就能彌補他們所受的磨難，這是最危險的迷思。要別人不去想自己的絕望感是無用、有害且殘忍的行為，就好像叫他們忘掉愛人將死的事，或是不要理會骨折的陣陣抽痛。

痊癒的第一步就是正視絕望感。承認自己正在經歷一段痛苦的時光，不代表自甘墮落或過度軟弱，只代表你準備好踏出第一步，讓別人（有時甚至只是讓自己）知曉自身狀況，然後找出不要讓自己如此孤單無助的辦法。

大多數的人都害怕開口談論並正視自己的絕望感受，因為大

家對此情緒羞於啟齒，也怕被貼上「瘋狂」或「危險」的標籤。（在跟先生或治療師懇談自殺念頭之前，莫莉有陣子也超怕一開口就直接被送進精神病院。）此外，當深愛的人陷入絕望之中，更多人擔心的是不知道該說些什麼。但研究顯示，坦然、不帶批判的對話可讓家人朋友說出恐懼，讓正在受苦的人知道大家都很在乎，也讓當事人有空間誠實分享自身的心理狀態，進而降低把想法化為行動的可能性。[5] 這個道理同樣適用在幾乎所有其他棘手情緒上，正視並坦然地說出口，只會讓你獲得幫助，而不是受到傷害。說真的，叫別人不要去想當下腦海中最重要的大事，根本就是不可能的任務。

也就是說，如果你正處於絕望之中，有人為了安慰你而說自己不時也會感到憂鬱，我們完全不介意你對他大翻白眼。在舊金山時，莫莉不只是「有點憂鬱」，而是已經快要溺斃了，毫無浮出水面換氣的希望。

親友能提供的支持力量經常不足以應付絕望，但治療師、社工、心理學家和精神科醫師受的專業訓練，就是為了處理這類情緒問題。和他們分享絕望心情可能會使你心神不寧，害怕這些情緒「太過沉重」了，但心理健康專業人士便是為此而存在。

迷思二：日子這麼爽有什麼好絕望的

你是否曾問過自己：「為什麼我心情這麼差？客觀來說，過得

比我糟的大有人在。」結果馬上感覺更差了？在寫這本書的時候，我們發現自己常常用下面這個句子開頭：「我們知道自己很幸運，能夠過上相對優渥的生活……」一旦我們開始批判自己的絕望感，就會陷入更深的黑暗之中。

莫莉之前常試著提醒自己，她沒在監獄裡受刑，也沒有毒癮問題，但這些想法並未讓她感覺好些，反而害自己覺得不知感恩、軟弱無力。當她終於鼓起勇氣打電話給朋友茱莉亞——她是位有執照的社工師——嗚咽地坦承自己心情有多低落，同時又為自己的低落充滿了罪惡感。結果茱莉亞突然打斷她：「我不認為痛苦是可以比較的。當你感到苦不堪言，僅僅代表自己正處於那個狀態而已。」

絕望對當事人來說是不容置疑的感受。如果感到苦不堪言，就表示你深受其害，沒有什麼大法官可以決定你有沒有「資格」感到絕望。對，客觀來說世上肯定有人過得比你差上許多，但你還是有痛苦的權利，而你的感受也是合理且重要的。

如果有人說出下列句子，就代表他們尚未具備足夠能力來幫你。我們從自身經歷得知，聽到這些話會讓人難以釋懷，而且會忍不住害自己心裡充滿罪惡感或憤怒（或二者皆有）。請務必盡量不要放在心上。

- 「至少你不是……」
- 「我完全明白你的感受，因為我也有過類似的……〔明明完全不一樣〕」

- 「我知道有人遇到了同樣情況，我覺得她的處理方式非常好。」
- 「只要......，你一定會感覺好些。」
- 「不如你換個角度想如何？」
- 「看看光明的一面......」

如果你曾對別人說過這些話，請想辦法向對方道歉吧。莫莉大學時有個同學深受憂鬱症所苦，而莫莉曾對她說過一些話，包括「如果你不要一直想著那些可能出錯的事呢？」現在回想起來，那些話一點幫助也沒有。莫莉打了通電話給她同學道歉（事過境遷十四年），她的歉意令朋友萬分感動。

你有沒有試著
看光明的一面？

絕望

迷思三：絕望來了走不掉、腦子壞了修不好

菲比・沃勒・布里奇（Phoebe Waller-Bridge）在《倫敦生活》（*Fleabag*）中飾演的角色邊哭邊說：「你知道嗎，要不是所有人都和我一樣，或多或少有這種感覺，要不就是他媽的只有我這樣，那還真是去他的一點也不好笑。」

如果你正處於絕望之中，可能會覺得自己是全世界唯一一個過得不好的人。如同第二章所說，我們常常拿自己的幕後花絮去和別人的精彩特輯比較。如果其他人看起來好像每天二十四小時都過得萬分精彩（都是假的），你很容易以為只有自己過得如此頹喪，然後認定問題一定出在自己身上，而且永遠不會好起來了。

但你不孤單，一定還有很多人困於絕望之中。治療師和醫生都跟莫莉說，自殺念頭其實遠比社會大眾願意承認的還要常見，而且很多人都成功從這些情緒中復原了，聽完她著實覺得安慰不少。問題在於，如果我們認定這些念頭使自己混亂不安，覺得他人永遠不會理解或接納，就會什麼話都悶在心頭。如果不和別人分享這些情緒，就很難做到以下兩件事：一、得知他人也有同樣念頭，而且這些念頭終將消散；二、獲得必要協助，好好反駁這些念頭，不至於採取實際行動。

不管絕望是以「我不想活了」、「我無法想像還要在這工作一個月，但我別無選擇」，還是「我的人生中沒人愛我」這些方式呈現，社會都不鼓勵我們公開談論這些感受。因此當我們身陷其中

時，常常沒機會事先做好準備，或是向人生遭遇過同樣問題的他人學習。結果在面臨可怕的絕望感時，常常被嚇得不知所措。這樣糟糕透頂的感受怎麼可能有任何意義？我們怎麼可能在如此駭人聽聞的感受中存活下來？

莫莉：自殺念頭在接下來的幾個月盤旋不去，雖然不再如同舊金山那晚般強烈，但那夜的經歷真的嚇到我了，這才下定決心向先生和治療師坦承。我告訴他們，我並沒有真的想要自殺，但也沒有想要活著。我先生提供協助的方式是不帶批判地聽我說話（同時堅持自殺是不好的行為），即使我知道他嚇壞了；治療師則是帶著我認識這些行為背後的需求。她稱之為「趴在懸崖邊看看，

決定自己是否要跳下去」，最後我在崖邊觀望了好一陣子，然後決定自己並不想那麼做。想像自己跳到火車前還是會帶給我一絲寬慰，但再也不會主動採取任何行動了。

有時只要一句話就能讓人活下去。當我和治療師說想放棄時，她說：「聽起來不像你，不像我認識的莉莉。」我經常反覆琢磨這句話，成了支持我走下去的力量。我認識的一位朋友也有自殺念頭，他的治療師只說：「如果你走了，我會想念你的。」這句話給了他莫大幫助。

藥物也有其功效。我服用了親屬之前曾吃過的同款抗憂鬱藥，當初對他們頗有幫助。聽見其他同病相憐、但成功走出來的故事，也多有助益。我在播客上聽作家帕克・巴默爾（Parker Palmer）聊到當初他憂鬱症發作時，只能在沒人看見的深夜出門散步。我也聽了安德魯・所羅門（Andrew Solomon）談論自己有自殺念頭的經驗：「當你有憂鬱症時，如果有醫生試著安慰你，說你現在只是判斷力不佳而已，你心知肚明他們說錯了，因為你知道自己正在經歷生命中最為恐怖的感受。」[6] 我還讀了雪倫・薩爾茲堡的《不要綁架自己》以及佩瑪・丘卓的《當生命陷落時》。然後，我還跟三位曾有過自殺念頭的朋友講了電話，當時我靜靜地拿著電話啜泣，無法用完整句子告訴他們我的狀況有多糟，他們只說了：「我懂，我都在。」

那幾個月我一直在想：當你不想活下去時，你又是誰？當生

活中的大小事已太難以承受時，該怎麼辦？我只能告訴你，那段心驚膽戰的時光大概是這樣：有時你可以撐到上床時間——或是晚餐後——然後把煩了你整天、不斷說「情況不會好轉、何必努力」的聲音拋諸腦後。有時你會發現眼皮都哭到腫起來了，光是能夠停止哭泣幾分鐘，在臉上潑把水、洗洗臉就不錯了。有時你能做的只是爬上床、開電毯，然後閉上雙眼，希望明天會稍微好些，並想像世上有其他人和你一樣正在受苦，然後奢望自己可以靠這種薄弱的人性連結入眠。在這些日子中，你唯一能做到的事只有這些。我想說的是，這樣就夠了。對所有仍深陷其中的各位，或許你們不覺得這是足以活下去的理由，但我向你保證，這樣真的就夠了。

　　我一直希望有奇蹟出現，有天醒來疼痛突然就不復存在，或是找到一位相信我、甚至可以治癒我的醫師。但想當然耳，這些事都沒發生，所以我失去了希望。最後，我放棄向外尋找希望，轉而在內心尋求信仰。如此一來，即使還不知道希望是圓是扁，但仍相信自己終將找到前進的路。

應對辦法

　　想要走出絕望之地，沒有任何捷徑，復原的過程是條痛苦的漫漫長路，可能要花上數月或數年的時間，但你一定可以辦到，甚至有機會從中發掘某些光明時刻。我們將在本節教各位如何度過當下的苦難，接著提供相關指引，助你重新找回希望、獲得情緒上支持，然後步伐緩慢但堅定地度過黑暗時刻。

1. 想辦法度過眼前難關

　　絕望讓人感到長夜漫漫。在慢性疼痛發作得最為嚴重的那些日子，莫莉經常發現自己在下午四點就開始有這個念頭：「只要再保持清醒五小時就好，我可以做到的。」

　　把心思放在你覺得自己有機會完成的事情上，這稱做切分時間。愈是感到痛苦，就要將時間切分的愈細。讀者卡洛琳告訴我們：「在困頓無比的那段時期，我放棄對自己說『過一天是一天』，直接改成過

一刻是一刻了。」[7]

　　我們也建議各位多疼惜自己一點，做什麼事都行，只要不會對自己造成傷害即可。如此一來，你便有機會發現，自己感受快樂的能力並未消失殆盡。挑一件最喜愛的事，好好地享受一番：冰淇淋聖代、喜劇電影或熱水澡。讀本長篇小說也不錯，就算沒辦法靜下心讀書（莫莉有好幾個月的時間都無法閱讀），狂追一部高達七季的電視劇也是長時間逃離現實的好方法。朋友坎蒂絲和我們說：「狂看 Netflix 讓我可以稍微喘息一下，不用去想自己的感受。」

　　你可能會發現，之前你認為瑣碎無比的小事反而能帶來平靜。友人蘇菲亞向來對動物無感，但在深受絕望所苦時，反而開始愛上和鄰居家的狗相處；同時還讓自己睡得更飽，早晚花更多時間賴在床上，遠離整個世界。讀者梅根情緒低落了好幾個月，於是她買了隻泰迪熊陪自己狂追《大英帝國烤焗大賽》（暫譯，*The Great British Bake Off*）。

　　最後，請承認有強烈情緒反應或完全沒有情緒都沒關係，並記下自己的情緒起伏。你可能早上感覺糟透了，但下午心情就好多了。心理諮商師蘿蕊・葛利布（Lori Gottlieb）在她的著作《也許你該找人聊聊》中寫道：「情緒就像天氣一樣，時好時壞。」[8]即便看起來好像無望了，不妨把時間切成小塊，走一步算一步，耐心等個十分鐘，看會不會感覺好些，再不然就等到隔天早上、

隔周。一天或一個月過得不好，並不代表永遠都會陷在惡性循環之中。

悲慟

　　莉茲的公公尼可萊（Nikolai）和癌症抗戰了十年，並在戰役接近尾聲時中風了，導致他無法說話、動作。

　　尼可萊是俄裔民歌歌手，一輩子都是聚會的靈魂人物。他在聖誕節期間入院，所以便將病房用燈飾裝點的無比閃亮，還用手風琴演奏了一首首的節慶歌曲。護理師不時會來查房，和他一起唱「祝你聖誕快樂」（*We Wish You A Merry Christmas*）和陀螺歌（*Dreidel, Dreidel, Dreidel*）。

　　莉茲和他說完道別的話後，他使盡力氣舉起手來，輕輕在空中揮了揮以示告別，隔天凌晨三點便安祥離世了。

　　損失至親之時，世界就像停止轉動了一般，鋪天蓋地而來的空虛和酸楚，令人無處可逃。在這種情況下，悲愴感似於絕望感：你整個人碎成了千萬片，生命失去了所有色彩，只能逼自己撐過一天是一天。

　　若真要深入探究悲慟這個主題，短短一篇專欄絕對不夠（如需「悲慟相關資源」，請見 p.311），但我們還是想要大聲疾呼以下重點：

- 記得，這種破碎不堪的感覺很正常，痛楚不會完全休止，但會一年好過一年。
- 悲慟會讓人看清楚什麼才是真正重要的事。請把這些事情寫下來，即便回歸了正常生活，也不會有所忘卻。尼可萊過世之後，莉茲寄了封電子郵件給自己，她寫道：「請過上瘋狂又遠大的人生。如果可以把尋常時刻過的神奇無比或精彩萬分，那就去做吧。組成家庭、學手風琴，然後在每個佳節演奏一番。」
- 和幫得上忙的人訴說自己的故事，特別是和那些美好時光有關的故事。
- 愉悅和悲傷是可以並存的。你可能前一刻因為想起一件往事笑到彎腰，下一刻便忍不住崩潰大哭。

- 悲傷的五階段（否認、憤怒、討價還價、憂鬱、接受）比較像是一團烏煙瘴氣的迴圈，而不是按部就班的進展（有些人甚至不同意五階段的說法）。

- 研究人員現在為悲傷加入第六階段：意義。記得，意義是極為個人的，且需要花時間尋找。悲傷與失去議題的專家大衛・凱思樂表示：「即便找到意義，也不能彌補失去親人的傷痛。但隨著時間過去，有意義的連結會取代傷心的記憶，而你終將可以專心思索其中深意，而不是滿腦子想著深愛之人即將死去的可怕記憶。」[9]

- 你可能會找到新的靈性感受，請全心擁抱它。莉茲從不是虔誠之人，卻不願相信存在感如此強烈的尼可萊，就從此不復存在了。她不知道自己究竟相信什麼，但確信他一定以某種方式存在著。

- 你在某些時刻可能會覺得心中再次充滿對生命的感激，請全心體驗這些感受吧。人生苦短，好好享受吧。

最後，我們要引用二○一一年一位 Reddit 使用者對悲傷的描述，當時帶給莉茲莫大慰藉：

你會發現悲傷如浪潮般襲來，而在船沉之初，你覺得自己快溺斃了，放眼望去只見片片殘骸……有段時間你只能勉力浮在水

面、想辦法活下去。一開始海浪像有三十公尺這麼高，毫不留情地拍打在你身上，每十秒便襲來一次，讓人連喘息的時間都沒有。過了一陣子，又或者是幾周、幾個月，你發現大浪還是有三十公尺高，但間隔時間拉長了。海浪撲來時，還是帶著極強的衝擊力道，好似要把你摧毀殆盡，但在浪與浪之間，你可以好好呼吸、正常生活了……一波波的海浪永遠不會停歇，某種程度上你也不願它們離去，但你學會與之和平共處。另一道大浪依然會來，而你也依舊會活下去。[10]

2. 為自己設定每天的目標

處於絕望時，有太多事你都希望能有所好轉。舊金山那晚前的好幾個月，莫莉覺得自己好像在自由落體：每天都比前一天來得糟，自殺念頭也一天比一天猛烈。她感覺自己就像落入了深深的峽谷，不知何時才會跌到谷底，抑或是跌到谷底的自己會是何等模樣。這才是最可怕的事：你的心理狀態已潰堤，試圖承擔一切（或只是任何一件事）都讓你不堪負荷。

你可以做的第一件事：在不斷下墜的時候，每天要做的唯一一件事就是朝岩壁上丟個登山鎬。這麼做不會讓你停止墜落，但可以減緩落下的速度。每天早上選一件那天可以完成的事，目標可以簡單如寄封簡訊、去倒垃圾或噴一下除臭劑。

這些小動作可以發揮極大功效：助你重回人生的駕駛座，就算只有短短幾分鐘也好。為自己訂下任何目標，再微不足道都行，只要達成目標就能助你邁向更有希望的未來。莫莉很習慣無視那些迷你里程碑——喔，我今天去了藥局，這就是我的成就嗎？和我過去一天能完成的事，根本不算什麼，我在騙誰啊？但過了幾周、幾個月，這些小行動累積起來，她感覺自己的獨立、勇氣和希望開始慢慢地歸位了。起初她覺得像是退十步、進一步，接著變成退二步、進一步，再過幾個月，她覺得自己開始一步步爬出深淵了。

如果不知該從何下手，不妨試著開啟自駕模式。讀者山姆和我們說：「沒精力做任何事的時候，我會假裝自己是電玩遊戲中的

角色。」這種保持距離的技巧可以降低情緒強度，進而拉低行動難度。山姆回想當初的情況：「電玩中的我必須去沖個澡，所以我有點像看著自己的身體打開了蓮蓬頭，然後站在那。最後我終於回過神，覺得沖個熱水澡真舒服。」[11]

　　你也可以為自己留個提醒紙條。舊金山那晚過了幾個月後，莫莉加入了教會中的女性小組聚會，她們每月集會一次，並透過穆薩爾倫理運動*的方式來陶冶品格。她們一起研讀重要人格特質，並支持彼此將這些美德實踐在每日和每周的日常生活之中。莫莉選擇了「savlanut」（希伯來文的「耐心」），其定義為「拉長火柴和導火線之間的距離」，以及在忍耐時不覺受苦。[12]她將寫了這些話的短箋貼在電腦上，知道耐心是可培養的特質一事，讓她感到寬慰不少。

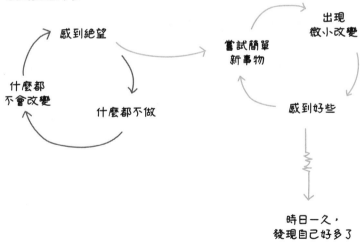

3. 找懂的人聊聊

二〇二〇年夏天，我們的好友凱特和杭特發現他們尚未出世的寶寶帶有罕見疾病，症狀包括心臟和大腦發育畸形。在和幾位醫師與親友討論過後，他們極為痛心地決定終止妊娠。[13]

失去孩子讓他們深受打擊，凱特的家人為了幫助他們走出絕望，決定周末送他們去海邊小屋度假。凱特回想到：「我們半夜走到附近的燈塔，找個長椅坐了下來，然後在黑暗中哀悼並祈求寶寶的原諒。」

接下來的幾個月，凱特開始每天和一位朋友聊天，對方也曾因為醫療因素而終止妊娠。凱特說：「因為她也經歷過同樣遭遇，我們才能不帶批判地給彼此支持的力量。墮胎是極為敏感且爭議的話題，有時很怕別人不知會做何反應。但和這位朋友聊天，我不用擔心說錯話，而共同經歷也讓我有勇氣隨時尋求幫助並坦白訴說自身感受。」

凱特和杭特也找了相關支持團體，專門給處境類似的人參加。「有段專屬時間去聊自己的經歷，而且知道有人在傾聽並理解我們，感覺真的很好。就算其他人的經歷不一定完全相同，但他們都懂。我們不需要維護或解釋自己的決定，大家都能毫不猶豫地同理我們。」

凱特現在偶爾還是會去看一下相關臉書群組的貼文，以便緩解自己的孤獨感。她向我們承認：「我發現自己永遠不會忘記此

事，但和有同樣遭遇的人交流讓我明白，絕望不會離去，但會昇華。交流互動與相互支持讓我們有機會同時感受悲痛與喜悅。」

莉茲最喜歡的一句話是「有問題、說出來、好一半。」在絕望之際我們常有孤立自己的衝動，雖然遠離人群或許會讓你在當下感到安全，但和有相似經歷的人聊聊是邁向痊癒的重要一步。（警語：只有你能決定對方是否懂你。有些親朋好友雖然滿懷善意，卻無法完全理解或支持你。）

記住：在分享棘手情緒時，千萬不要多加修飾或加上任何限制條件。如同部落客莫莉‧弗林克曼（Molly Flinkman）所寫的，我們常常會說「喔，我覺得蠻累的，還在想辦法適應新生兒的作息。」這類的話，但實際上的意思是「我常常日也哭、夜也哭——現在沒哭出來已經是奇蹟了——因為寶寶一定要我抱著才肯睡。而且餵母乳實在太痛苦了，我每天半夜都是靠不斷咒罵才勉強撐下去。」[14] 她稱這個現象為「濾鏡下的痛苦」，對我們一點好處也沒有。真正在乎的人很樂意聽實話，並會抱以相同的坦誠和脆弱。

在某些情況下，與世隔絕有時並非出於自願：被他人孤立也會感到絕望。讀者吉娜在一間非營利組織工作時遭到同事的騷擾與排擠，然後老闆還對她說，再也不會有人願意雇用她了。她的

＊譯注：Musar，十九世紀的猶太運動，起源於立陶宛，試圖推動傳統道德價值的普及，核心理念是向外尋求領導社會、改變世界之前，我們必須先學會領導我們自身。

自信心大受打擊，甚至把他們的話當真，陷入深深的絕望之中。她覺得自己困在這份工作中，心理健康受到嚴重傷害，完全無力改變自身處境。

在走投無路之下，吉娜加入了女子社交俱樂部。參與活動讓她開始建立非營利組織以外的人際連結。當她和其他會員討論自己目前的工作狀態和專業志向時，不僅獲得了情緒上的支持，更得到了新的工作機會。後來吉娜總算成功換到新公司工作，也因此過得更加快樂了。同樣情況也發生在莫莉身上。在隱瞞了一年半後，莫莉終於願意坦誠告知自己的慢性疼痛問題，一位朋友居中牽線，介紹她認識一位曾有類似狀況的前同學。莫莉寄了封電子郵件給她，對方回信時附上了《紐約客》發表的一篇有關慢性疼痛的文章，帶給莫莉不少啟發。

懂你的人也可能是某樣東西。去度假時，莫莉在奧林匹克國家森林公園中一跛一跛地走了一小段路，只為了看全世界最古老

的北美雲杉。當她抬頭仰望這棵千年神木，心中感到了一絲寧靜祥和。她心想：「它活了這麼久，看盡人類千年的生命。」不論何事令莫莉心煩，放在地球浩瀚的歷史之中，看起來好像就沒那麼難以忍受了。

絕望之人向你求助時該怎麼做

如果有人向你敞開心房，他們很可能已經飽受折磨好一陣子了，一直在猶豫該不該開口，所以最要緊的是讓他們感到安心。不帶批判地聆聽，千萬不要馬上開啟「解決問題」模式。並不是說提供建議一定不好，但說出「你只要...」或「你有試著...」這類的話，就是在暗示對方只要再努力一點、多做點研究、或是能力再好點，問題就可迎刃而解了。

反之，你可以讓他們放心並給予安慰。不妨試試下列說法：

- 「雖然我不清楚你正在經歷的事，但我想讓你知道我很在乎你。」
- 「有什麼是我能幫忙的？還是你希望我聽你說就好？」
- 「即使不容易，我是真的想知道發生了什麼事。」

處於絕望當中的人縱使很想換個角度看事情，但就是辦不到，所以才更加絕望。有時轉換觀點可能要花上數年的時間，即

使有著優秀治療師的幫助，所以請做好準備，抱持開放態度、不厭其煩地傾聽絕望之人的煩惱便可。

你也可以更進一步，明確說出你能提供的舉手之勞，成為對方所需的支持力量。莉茲的公公過世時，朋友洛根傳了簡訊給她：「我想為你做四件事，只要跟我說你覺得哪個比較好，以及希望執行的時間就好：一、我可以打給你聽你說話，二、我可以烤你最喜歡的點心帶給你；三、如果你沒力氣講電話，但又需要有個發洩出口，我隨時都可以陪你傳訊聊天；四、我可以來陪你散步。」這封簡訊讓莉茲感到倍受支持，並確信自己一定可以找洛根幫忙，無須擔心成為他人負擔。

最後，沒事就詢問一下他們的近況，讓對方知道你對他們的重視。他們可能沒力氣找你，但我們聽過許多故事，「不用回覆，只是想讓你知道我剛好想到了你」這麼簡單的一封簡訊，對某人來說就是全世界。

4. 與無法同理的人保持距離

梅根‧馬克爾（Meghan Markle）在二〇二一年三月的訪談中，曾對歐普拉說：「許多人都很害怕開口求助，而我不僅知道開口多難，更知道開了口被否定有多痛苦。」嫁給哈利王子、成為英國皇家成員後，梅根成了種族歧視者的箭靶，受到網路與媒體的霸

凌。她和歐普拉說自己被禁止走出家門，開始有「十分嚇人且真切」的想法，甚至一度「不想活下去了。」

當她終於累積了足夠勇氣求助，英國皇家卻不願有任何作為，甚至不讓梅根去其他地方尋求支持。他們對她說，此事是不被接受的。「當時我真的嚇壞了，不知道該找誰求助，」梅根坦承道，並說她也有向哈利吐露實情，最後甚至轉而向黛安娜王妃的好友們求助：「不然還有誰能明白身在皇室是什麼感受呢？」最終她和哈利決定放棄英國王室高級成員的身分並搬去美國。

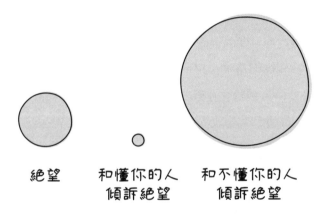

絕望　　　和懂你的人　　　和不懂你的人
　　　　　傾訴絕望　　　　傾訴絕望

雖然我們建議大家尋求社交和情緒上的支持，但請務必找到適當對象，特別是和身分認同有關的情況。對部分變性或非二元性別的人來說，人生一直飽受重度絕望的折磨。絕望就像揮之不去的烏雲，只有當他們遇到另一位變性人，甚至只是在網路上搜尋性別相關資訊，絕望才會開始漸漸散去。這些連結與相互理解

的微小時刻能成為救命繩索；儘管如此，第一次坦白自己的身分認同卻不被接受，仍是非常難受的事。音樂家桑默·陸（Summer Luk）二十一歲時以變性人的身分和父母出櫃，他們拒絕接受，並在電話中和桑默說，她不是他們的女兒，他們永遠只有一個兒子，然後就把電話掛掉了。桑默非常生家人的氣（但現在正在努力與他們修復關係），所以試著在他處建立與找尋屬於自己的社群，而她的第一個落腳處是在紐約市寫歌與表演。她在《*TEEN VOGUE*》雜誌中寫道：「我透過音樂述說自身故事，而音樂不知怎麼地，成了觀眾與我連結的橋梁。有人會特地來跟我說，本來他們以為與自身無關的經歷，因為我的故事而被賦予了人性。」[15]她也在抖音等網路平台找到力量，張貼自己身為變性女性的感受。「當你身為被邊緣化社群的一員，分享自身故事一直都是很可怕的事，因此看到有這麼多人對我的內容產生共鳴、給我力量並分享給大家，真的是件很棒的事！」[16]如果你因身分認同的某個面向而深受絕望所苦，建議先從能夠同理的團體那取得支持力量，或許會所有幫助（面對面或線上團體都可以）。

訴說對象要能夠同理、而不是同情。布芮尼·布朗解釋說，同理是對方試著去理解你，才能想辦法幫你。舉例來說，當莉茲發現莫莉有嚴重的腳痛問題，她寄了一堆可以在家執行、完全用不到腳的活動給莫莉。反之，同情是從較優越的位置往下看處於劣勢的人。換個方式來說好了，有同理心的人會說：「對，我知道

有多難。」而同情則是說：「你太可憐了，真希望我能為你做些什麼。」如果你發現朋友展現的是同情而不是同理，暫時不和他們聯絡也沒關係的。

如果你需要和某些人保持距離，不妨清楚說出自己的感受，然後堅定且溫和地設下界限。莫莉和一位朋友說：「我現在狀況真的不太好，雖然我愛你，但實在沒心力像以前一樣經常和你聊天，希望你能理解。」朋友很感謝莫莉的坦白、沒有不告而別。

雖然我們也希望所有朋友都具備同理心，但事實上，有些朋友尚未經歷過什麼難事，而有些朋友比較適合在生活一帆風順時相聚。只要給予足夠的空間，友誼一定可以從虧轉盈。就算有時覺得彼此的關係疏遠了，不代表你們不會再次拉近距離。

認識慢性健康問題和隱性疾病

莫莉在她的疼痛問題最為惡化的時候，決定和先生的姑姑茱蒂·科恩（Judy Cohen）聯絡。茱蒂是轉型教練，她不僅是癌症倖存者、晚期聾人，而且還有嚴重的慢性健康疾病。茱蒂和莫莉說了克麗絲汀·米瑟蘭迪諾（Christine Miserandino）的湯匙理論，此人本身是紅斑性狼瘡的患者。[17]

故事如下：米瑟蘭迪諾當時正在和朋友晚餐，然後中途離席

去服用紅斑性狼瘡的藥物。朋友問她患有慢性疾病是什麼感受，於是米瑟蘭迪諾從自己和別人的餐桌上拿了好幾支湯匙，然後請朋友想像，這些湯匙代表著一天能夠使用的體力和心力。如果你身心健康，就表示你擁有無限的湯匙。米瑟蘭迪諾寫道：「大多數的人都是以無限的可能展開每一天，有能力去做任何想做的事，特別是年輕人。大部分的時候，他們都無需擔心自身行為的後果。」

有慢性健康問題的人只擁有數量有限的湯匙，一整天下來，每個行動都會消耗掉一個湯匙，直到再也沒有為止。所以在規畫每日行程時，他們必須知道自己手上有多少「湯匙」，而且無時無刻都要追蹤消耗量。睡不好會用掉一支湯匙、準備去上班又用掉一支湯匙，通勤也會用掉一支湯匙。就算想要更多湯匙，也是沒辦法的事；如果湯匙用光，那天就結束了，你不得不休息。

她如此寫道：「有時你可以借用明天的『湯匙』，但想像一下，在湯匙〔更少〕的情況下，明天會有多難過？生病的人都有個揮之不去的念頭，明天或許又會出現感冒、感染或是任何其他極度危險的事。所以你絕不希望『湯匙』的數量過低，因為永遠不知何時會需要用到。」

擁有無數湯匙的人很難理解這種狀況，特別是面對那些「外表看起來沒問題」的人來說更是如此。對於沒有任何身心隱疾的人來說，要理解其他深受其苦的人並不容易。梅根‧歐羅克

(Meghan O'Rourke) 患有自體免疫疾病，她寫道：「患有慢性疾病的難處在於，即便他人相信你的遭遇，但大多不太能夠理解你正在經歷的事。出於寂寞，你只能全心想像一個永恆的平行時空，希望自己在那能夠被好好理解，即便你明知是不可能的事。」[18]

如果你朋友也是手上湯匙有限的人，不妨問他們是否願意和你分享他們生活的樣貌，試著好好地理解他們。如需慢性疼痛相關資源，請見 p.312。亦可在社群媒體上搜尋 # 湯匙理論（#spoonie）標籤相關貼文。

5. 不用堅持「走在正軌上」

我們很多人心裡都有份人生進度檢查清單。就算你個人沒什麼明確想法，但隨著年紀漸長，還是會有要邁向不同人生階段的模糊概念。

但計畫可能一夜化為泡影。我們以為老年才會發生的那些事，像是死亡或生病，隨時都可能降臨。當這些事比預期的早發生，我們經常會覺得無人傾訴，因為同年紀鮮少有人能感同身受。朋友安德魯三十六歲時經歷了整整一年的化療，為此還搬到治療中心附近。他曾對莉茲說：「我每天在醫院和了無生氣的住處間往返，與此同時，我相熟的每個人不是又高升了，就是在參加

別墅派對。沒人真的理解我的處境，有時我甚至認為大家已經忘了發生在我身上的事。」好幾位接受訪問的讀者因為早早離婚，或是年紀較長仍保持單身，而覺得自己與旁人格格不入。當我們沒辦法和同儕一樣按部就班地完成人生重大里程碑，很容易就會覺得自己沒有「走在正軌上」。

但如果你在年紀尚輕時就經歷過絕望之苦，或許會獲得受用一生的技能。葛林妮絲‧梅克尼可（Glynnis MacNicol）在她的著作《沒人告訴你的事》（暫譯，*No One Tells You This*）中，詳實記錄下她接受自己選擇永遠不婚不生的心路歷程，其中還寫到三十來歲時，朋友都在結婚和生養小孩，她感到萬分孤單。但到了四十歲，有些朋友離婚了，有些人生出現重大問題，而她成了他們第一個求救的對象。梅克尼可當時成功幫助了許多人度過難關，她在書中寫道：「人生就是不斷地重來，只要自己願意，永遠可以重頭來過；人也是如此，會離開、也會回來。」[19]

慢性發炎脫髓鞘性多發神經病變（CIDP）是一種神經疾病，作家莎拉‧曼古索（Sarah Manguso）在二十來歲時發病，迫使她不得不「把主控權讓給比自身意志更為強大的力量」。她在《現在進行式》（暫譯，*Ongoingness*）一書中寫下了自身經驗——「診斷、死亡、牢不可破的誓言——這些都不是任何事的開端或結束。」相反地，曼古索聚焦於無窮的生命力量上，而她只是單純參與其中的一員。「我可以想像在死亡之後，這股意志不會消散，

只會重新分配，而所有生命都蘊含著同一股力量，所以我無須擔心即將來臨的死亡，因為我人生最大的責任只是承載這股力量，然後再將之交付出去。」[20] 從宇宙之力的觀點去看待生命，可以幫助你學會鬆手，即便只是短暫的片刻也好。

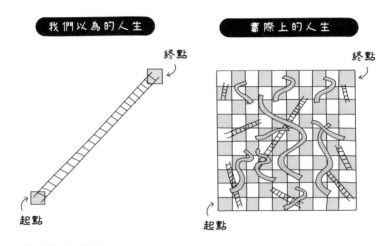

6. 從中找出意義

　　喬伊・艾庫塔（Joy Ekuta）二〇二〇年六月二日在「Medium」平台上發表了一篇文章，裡頭寫道：「我好累⋯⋯我好沮喪，我生病了。我真的擠不出絲毫力氣了。」[21] COVID-19 疫情逼得她不得不收掉前一年才創辦的活動策畫公司，隔離政策更是害她不得不獨自一人待在位於加州奧克蘭西區的公寓裡。而就在一周前，喬治・佛洛伊德（George Floyd）在明尼阿波利斯市遭到一位白人警官殘忍謀殺，示威抗議在美國各地如火如荼地展開。

喬伊是位黑人女性，她和多位黑人朋友都在同個「Slack」群組中。她告訴我們：「我們都在講自己有多厭煩這一切，對新聞感到厭煩、對自己的麻木感到厭煩、對聽別人怎麼說感到厭煩。我們全都在想，或許該為自己做些什麼。」[22]當群組內有好幾個人建議舉辦六月節（Juneteenth）的慶祝活動時，很多人才發現其實自己對這個節日始末其實不甚了解——曾經為奴的德州黑人，在一八六六年六月十九日舉行了第一次的周年慶祝，然而當時距離奴隸制度廢止已經過了二年半。[23]於是，喬伊和朋友決定合力架設 hellajuneteenth.com 網站，協助大眾認識這個節日，並鼓勵大家勇敢歡慶這個節日。

「然後我們心想：我們那天要放假。能鼓勵其他人也這麼做嗎？如果我們能邀請許多公司加入，不就太好了嗎？」群組因此開始更加積極地宣傳這個網站。

時任推特執行長傑克·多西（Jack Dorsey）發了一則含有此網站連結的推文後，「整件事就像滾雪球般停不下來了，」喬伊如此說道。在接下來的二周內，超過六百五十間公司（包括抖音、麥肯錫、網飛和萬事達卡）在 hellajuneteenth.com 上公開承諾會持續關注六月節，也有愈來愈多人表示願意協助擴大此運動的影響力。一間公關公司選擇無償幫助他們，託管 hellajuneteenth 網站的伺服器也決定不收管理費用。二〇二一年六月十六日，美國總統喬·拜登簽署了一項法案，將六月節明訂為國定假日。

　　隨著運動不斷升溫，喬伊和朋友們也畫出了明確界限：「我們講得十分清楚，我們只會用我們想用的文案，也很明白目標是什麼。我們全都在六月十九日設定了不上班的提醒訊息。有好幾間公司希望和我們一起在六月節當天做直播活動，但我們拒絕了。我們只想全心全意地感受這份愉悅之情，不去想任何其他事情。」

　　她補充到：「六月節成了國定假日，而且在接下來的幾年都會是如此。我們把影響力推及至朋友圈以外的地方，甚至推動了制度上的改變，真的很令人振奮。」

　　當你身處於絕望之中，聽到人家說你的經歷日後或許可以成為他人的助力，你一定會很生氣。你寧願一無是處，也不要經歷這一切。東尼・羅賓斯（Tony Robbins）這類的自助權威會建議我們自問：「這件事好在哪？」我們認為這句話根本是種侮辱。處境並不總是好的，重點不在於把遭遇看作是好事，但既然已身處其中、無法脫身的話，想辦法從中找出意義或許會有所幫助，不論是對自己或他人來說。

　　心理學家已證實，找出意義是復原的關鍵階段。這個階段有助於將心態從孤立無援切換至找到目的，即使是看起來再小的目標都行，像是出門上班或照顧動物，光是這樣就能助我們度過難關。找出意義並不一定要轉換職涯或成立非營利組織，也可以單純只是改變自己如何看待他人的心態。大多數的人在人生的某個時期一定會經歷絕望，如果你已走過這段路，就比較能夠注意到

其他人適應不良並給予慰藉。作家瓊・齊諦斯特（Joan Chittister）寫道：「堅持繼續走下去⋯⋯即使已經傷痕累累，即使全世界都看見我們身受重傷，這一切是為了發掘身為人的真正意義，也是在這種情境下，才有機會重新改造自己，將自身所有的其餘潛力完全發揮出來。」[24]

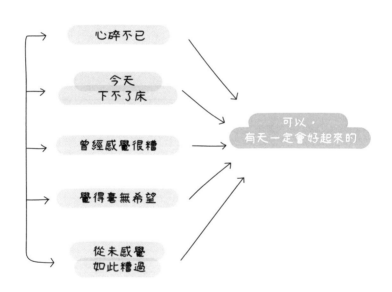

莫莉：距離舊金山那夜已過了二年多，現在回頭看，才發現將我從深淵拉出來的不是單一事件，也不是從某個特定時間點一切就開始好轉。我只是靜靜地等待時間流逝。有好幾個月的時間，我都置身於中間的灰色地帶，步履蹣跚地在絕望與希望之間遊蕩。每次受傷和身體上的疼痛都讓我挫敗不已、感到加倍絕望，但同時也帶來更多希望，因為我親眼看見痊癒有望。見證身體的某個部分慢慢癒合，讓我相信腳痛也有復原的希望，只是需要充份的時間和物理治療。

在搜尋真心喜愛的新工作時，我終於能夠為日復一日的人生增添些許意義，進而給了我每天起床的理由。我不想讓新團隊失望，也知道自己可以透過工作帶來真正改變。我開始定期參加安息日聚會，並在信仰中找到了意義。我組織了一個女性讀書會，與她們的交流互動提供了莫大安慰。

直到現在，我的日子還是不好過，身體還是有多處疼痛問題，而且覺得生兒育女離我愈來愈遠了，一方面是希望給身體更多時間復原，一方面也希望多享受一下沒有疼痛的人生，再把懷孕生子加進人生這場混戰之中。我接受了這個現實，即便這不是我想要的。

我先生克里斯成了我的主要照顧者，有時甚至必須把事業暫時擱置一邊。我真的很感謝他對我的愛，他一肩挑起煮飯、打掃和照顧我的責任，所以這一切對他來說也並不容易。

現在回首那段黑暗時期，我心中滿是詫異。我發現即使當初感覺像是無止盡的酷刑，但那也是段療癒的時光。那時我不知道自己怎麼找到繼續前進的力量，但不論如何我辦到了。我想活下去，就像大家說的，我想活下去見證奇蹟。

絕望很苦、人生很難，活著的每天都像是場沒完沒了的戰鬥。有時我也會想，這樣的人生還要過多久，但我向你保證，你「一定」可以辦到，即便當下你並不知道自己可以做到。

好用建議

- 和心理健康專業人士合作可以讓情況大為改善。
- 不要自我批判：如果你覺得自己正在受苦，那痛苦就是真實的。
- 想要撐過一天，不妨把時間切分成小段，並記住感受本來就會起起伏伏。
- 每天設定一個（超）小的目標。
- 和真正懂你的聊聊，與無法同理的人保持距離。
- 放下人生必須走在正軌上的堅持。
- 從自身經驗找出意義：大家的意義各不相同。

第七章

後悔

同樣的事不會發生兩次。因此,很遺憾的,
我們未經演練便出生,也將無機會排練死亡。

辛波絲卡 (Wislawa Szymborska),詩人

莉茲：我媽在我上班時打來，當時我正在調整工作表的格式，她說：「外婆昨晚過世了。」

外婆享嵩壽一百歲，所以她的逝世當然是在預期之中，但我們關係親密，而且一直到青少年時期，我每個暑假都是和她一起度過的。

我最喜愛的童年回憶都發生在外婆家，那兒是由她親手設計與打造，座落在德國的一個小村莊裡。我還清楚記得她臥室的花朵壁紙，廚櫃上磨得舊舊的圓形把手，以及我曾在上頭玩耍的幾何圖形地毯，媽媽和外婆就坐在我身後的大扶手椅上，一邊喝著紅酒、一邊說笑。外婆家就像座橋梁，連結著我和母親的過往與整個家族，讓我們得以在德國有個家一般的所在。

幾天後，媽媽又打來了，她正準備去德國二周整理外婆家，還必須決定要把房子賣掉或留下。她遲疑了一陣子才說：「你要不要跟我一起去？」這是很罕見的要求。

我說讓我想一下，然後就把電話掛了。這個時間壓力有點難辦，我才剛加入公司的新專案，又希望可以盡快爭取升遷，真的能夠休二周的假嗎？人家會不會覺得我不可靠又偷懶？

隔天一早，我跟她說我沒辦法去。

光是寫這個故事就讓我滿心罪惡感，多希望自己當初有陪在媽媽身邊，我可以幫她打包所有東西，還可以偷偷拿個小飾品留做紀念，或許我們還可以一起想辦法留住房子。但一切都來不及了，房子已經沒了。

ele

　　若是我們認為當初採取不一樣的做法，人生會過得比現在更好，這時就會感到後悔。這種感受可能會強烈到讓人感到不堪負荷，甚或覺得要背負一輩子。許多接受訪談的讀者表示，他們常覺得自己陷在過去的泥沼，腦中不斷重播他們覺得做了錯誤決定的時刻。

　　雖然後悔讓人苦不堪言，但也可以成為極為實用的內在指南針，指引我們去追求有意義且充實的人生。如果想擁有更美好、不再充滿悔意的人生，最佳做法就是從過去的錯誤中學習。

　　深入探討這個主題前，首先要有些基本知識。心理學家將悔恨稱之為「反事實情緒」：當我們想像自己如果做了其他選擇（與事實相反）會帶來不同結果時，就會產生這種情緒。懊悔的強度取決於我們離實現替代方案的可能性有多近。如果你拼了命要趕一班火車，結果只差了幾秒就眼睜睜看著火車駛離月台，那心中的懊悔程度一定遠大於慢了整整一小時才到月台。康乃爾大學的心理學家發現，奧運銅牌選手都比銀牌選手來得快樂，因為銅牌選手覺得能拿到一面獎牌就很不得了了，但銀牌選手反而容易想著自己離金牌只有一步之遙。[1]

　　科學也證明，不論如何選擇，我們時不時還是會感到懊悔。難道我們注定永遠都要苦苦對抗無盡的「或許可能之事」？那可不

一定。而且我們還有更多好消息（所以請不要後悔翻開這一章好嗎）：你不應該希望完全不再回顧過去。如果對失去的機會或犯下的過錯絲毫不覺心痛，就不會記取任何教訓。作家安・拉莫特在其著作《縫補傷口》中寫道：「與其一意孤行地追求毫無意義的破爛鳥事，不如在一早醒來時就深感懊悔，並決計不再浪費人生的任何一刻。」[2]

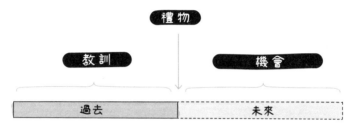

我們將在本章針對後悔這個主題，向各位一一說明大家常犯的幾個錯誤，並列出六大類型的悔恨，以及相關的因應之道與可學之事。誰都會有執迷不悟、一心想著那些「或許可能之事」的時刻，因此我們也會為各位提供思維轉換和策略技巧。

後悔的迷思

迷思一：人生可以 # 絕不後悔（#NoRegrets）

「結不結婚，你都會後悔。」丹麥哲學家索倫・齊克果（Søren-Kierkegaard）如此寫道。[3]

　　我們也很想跟各位洩漏人生絕不後悔的天機，但壞消息是：沒這種東西。

　　耽溺於過去是超越年紀、種族、文化、性別和社會地位的。諸多針對日常對話的研究顯示，除了愛以外，人們最常談論的就是後悔，次數遠高於任何其他情緒，同時也是我們最常感受到的不適情緒。[4]

　　我們天生內建懊悔本能。如果祖先吃了顆鮮紅色的毒莓果，結果接下來的二十四小時都承受著撕心裂肺的痛楚，那他最好能夠反省自己這次犯下的錯。如果他的腦海中能想像出沒吃莓果日子會好過多少的生動畫面，肯定大有好處。

　　就算事情進展順利，我們還是可能感到懊惱。幾年前，莉茲的朋友艾瑞克下了個勝率超低的賭注，結果贏了超多錢，當下開心的不得了，但沒多久就開始懊悔當初沒有壓更多錢。

　　事實上，講到人生＃絕不後悔的戲劇時刻，大多和我們最渴望的「或許可能之事」有關。搬家、結婚或換工作等重大人生轉變都要做出某種承諾，不管是對城市、伴侶還是公司。但同時也代表了你沒有做出承諾的其他百萬種可能。因此在這些關鍵時刻，你不由自主地腦補自己拒絕的百萬種可能人生，是再自然不過的事了。

迷思二：追求所愛就不會後悔

讀者妮娜是位老師，她和我們說：「我有兩位摯友都是醫師，有時看著他們我會想，雖然我也很愛自己的工作，『但如果我有去讀醫學院的話，或許也能當醫生吧』，重點是我沒有，所以現在沒辦法像他們一樣在同個城市買房。」

懊悔之事取決於現在處於主導地位的是哪個部分的你。有些心理學家相信我們有三個自我：

- 真實我──現在的你
- 理想我──最真實、實現所有抱負的你
- 應該我──滿足所有社會期待的你[5]

這些自我都會有不同的悔恨之情。如果你接受一份聲望頗高但榨乾靈魂的工作，理想我可能會覺得悲慘不已，但應該我會洋洋得意；如果你決定拒絕這份工作，則感覺會恰恰相反。這一切都是因為你內心深處想要的可能是截然不同的兩種東西。

那現在是怎樣？

一般來說，研究顯示當我們選擇自己所愛之事，而非該做之事時，會比較快樂。但即便你打造出自己熱愛的人生，應該我難免偶爾還是會綁架大腦，讓你心情奇差無比。知道這個道理後，你就比較能夠接受與習慣這些無法避免的時刻，進而更快調適好心情。讀者傑克和我們說：「手足中只有我選擇不生小孩，有時在

和二歲的姪女玩時，我發現自己會冒出『如果我也？』的念頭，但我對自己的決定很有信心，所以不會太在意這些一閃而過的念頭。」

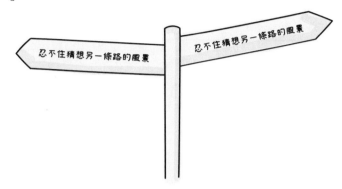

迷思三：挑最不會後悔的那個選項

做決策時，想像一下哪個選項最不會讓我們後悔就對了，這是很合理的策略。

但思考自己在哪個時間點會後悔才是關鍵。十之八九我們只看到短期後果。找工作太花時間、壓力又大；和同居人分手就要處理一堆煩死人的物流事宜；剛加入新專案就休兩個星期的假，還要想辦法證明自己的能力，壓力會大到不能呼吸。

但想避免自己在下個小時、下一天或下個月後悔，通常會害我們在未來更加懊惱。在痛恨的工作崗位上一待就是幾年；因為太不想面對不確定的未來，寧願選擇一段不甚滿意的關係；以及沒陪媽媽走過那趟此生無法重來的旅行。

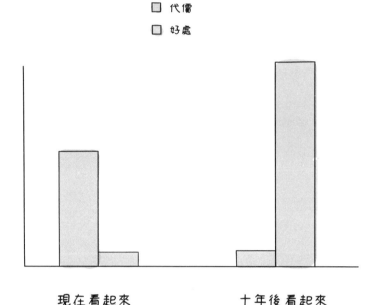

現在看起來　　　　　　十年後看起來

　　這種想要逃避眼前不適感受的傾向稱之為現狀偏誤。做出改變一定會產生風險和不確定性，所以即便知道嘗試新事物於我們有益，我們還是寧可什麼都不做。研究人員已發現，感到後悔與害怕後悔會啟動大腦中的同個區域。[6]也就是說，擔心做錯決定的痛苦程度完全不亞於面對自身行為的後果（下節會說明處理方式）。

ele

莉茲：公公過世時我三十二歲，那件事讓我對外婆過世一事徹底改觀。在公公離開以前，我過去未曾理解失去雙親是如何天搖地動的感受，不論長輩或你的年紀多大。公公過世後接下來的幾天，我經常想到我媽，她在長達八小時的航程中，四周圍繞的全是陌生人，不斷倒數接下來還剩多少時間，就必須得斷捨離自己母親的所有人生。

我願意放棄很多東西，只為回到過去做出不同決定，伴她走過那段時間。現在我唯一能做的就是把深愛的人擺在第一位。公公過世時，我毫不猶豫地請了喪假，然後整整一周完全不收電子郵件，專心和禮儀師協調相關事宜，把冰箱裝滿食物，以及認真草擬訃聞。我盡量讓先生不用去處理這些瑣事。

當我自己的爸爸因為心臟問題被緊急送往醫院時，媽媽還試著叫我不要擔心。她們住在芝加哥郊區，而我住在二千英里外的舊金山。「你不用回家啦，我知道你很忙，我們會沒事的。」

我沒聽她的，馬上跳上飛機趕回家。一周後，當我砰一聲倒在媽媽床鋪的另一邊，她握住我的手說：「有你在真好。」我也覺得真是太好了，然後輕輕地握住了她的手。

應對辦法

詩人大衛・懷特（David Whyte）寫道：「完整走過一遭後，〔後悔〕將我們的目光、注意力和警戒心轉向可能比過去更好的未來。」[7]

回顧過去時，最讓你後悔的是什麼事？

回答這個問題能帶你更加認識自己與在乎的事，甚至比檢視過去的一切成就還來得有效。神經成像顯示，當我們感到後悔時，大腦中與推理有關的區塊會活躍起來。[8] 審視自身悔意有助於尋找生命意義，並讓我們有機會精準找出自己想要做出的改變。研究人員發現，人們之所以十分看重後悔，部分原因是可以督促他們採取行動、彌補錯誤。[9]

我們將在本節介紹後悔的六大類型，協助各位辨認與探索各種悔恨之情，並會提供廣泛適用的建議，讓你能夠和心中的「早知當初」言歸於好。

1. 允許自己哀悼不曾選擇的人生

醜話說在前頭：雖然後悔常常帶領我們成為更好的人，但同時也會讓人痛不欲生。即便能夠記取過去的教訓或彌補犯下的錯誤，還是會在某些時刻被哀傷擊倒。

傷心欲絕沒關係的。

當你潛入悔恨之中

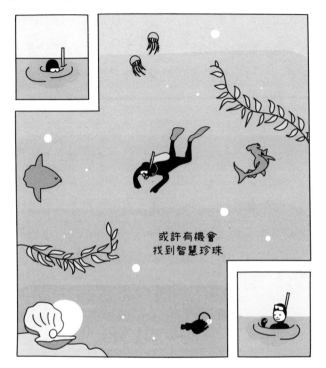

或許有機會
找到智慧珍珠

不要忘了
浮出水面喔

就像其他棘手情緒一樣，面對後悔最好的方式是靜下來體驗心痛，也就是允許自己大哭一場或窩在床上一陣子，任何你想要的方式都行。

和讀者討論後悔這個主題時，許多人都提及失去某些再也找不回來的東西：時間、青春、在某人離世前和他們說「我愛你」

或「對不起」的機會。錯失這些機會不可能帶來任何「正面」感受。很多讀者也提到自己決定去做一些不該做的事。但不管後悔的事由是什麼，他們都表示這種深刻的痛苦讓他們痛定思痛，決心下次要做得更好。每位受訪者都指出，接受自己的懊悔之情、勇敢面對苦澀感受的那一刻，成了做出正面改變的轉捩點。

本章接下來會將重點放在如何向前邁進。但請記得，前進的路崎嶇不平是常態。作家雪兒・史翠德在她最有名的「親愛的蜜糖」（Dear Sugar）專欄中寫道，每個人都應該奮力反抗「沒有載著我們的那艘幽靈船。」[10] 你站在人生這艘船上，看著那艘幽靈船──承載著你沒做出的那些選擇──航向遠方。這艘船「意義重大又無比美麗」，但它不屬於你，你唯一能做的是學著優雅地「站在岸上向它致敬」。為了學會接納自己做過的決定，雪兒也建議我們捫心自問：「如果我之所以能走到這步，都要歸功於我其實不應該做的那些事呢？如果我從來沒有獲得救贖呢？或是其實我已經得到救贖了呢？」[11]

2. 認識自己正在經歷的後悔類型

第一步就是找出你的懊悔之意落在下方六種懊悔的哪一類（或哪幾類）：

- **後見之明的懊悔**：你已在當下做出最佳決定，但現在得知了更多資訊。

- **平行時空的懊悔**：你有著淡淡的惋惜，來自於想過上不一樣的人生。
- **匆促決定的懊悔**：在自己也不確定或還沒準備好的情況下做了決定。
- **拖延太久的懊悔**：對某個決定猶豫不決了好長一段時間，即使你知道自己該下定決心了。
- **不聽直覺的懊悔**：直覺告訴你這個決定不正確，但你還是順從了其他人的需求或意見。
- **自我毀滅的懊悔**：你做了明知對自己不好的決定，但這麼做是為了不要感受到另一種情緒（被拒絕、孤單、脆弱）。

如果是**前面二種懊悔**，最好的策略大概是轉移注意力，不要再戴著玫瑰色鏡片去看其他可能。如果是**後面四種懊悔**，你最好花點時間分析自己的心情，以便修正日後的行為模式。

後見之明的懊悔主要是關乎於你的選擇導致無法預料的情況發生。當你發現自己說：「如果當初早知道現在知道的這些事……」那你現在經歷的感受就是後見之明的懊悔。

《周六夜現場》的首席編劇科林·約斯特（Colin Jost）在自傳中回憶，他爸爸辭掉了熱愛的工作，換去另一個看起來有大好前途，但後來卻是一場糊塗的工作。他爸在換工作後陷入了深深

的憂鬱，連帶使約斯特至今每次想要嘗試《周六夜現場》以外的新事物，都會萬分謹慎；然而，他其實很能理解父親只是選擇了在當下看似「天大的機會」。[12]

如果你在下決定前已經過各方盤算，但事情仍不如預期，這並不是個人的失敗，也不能為日後是否採取不同做法提供太多資訊。約斯特的爸爸不可能知道新工作的日常會是如何，也不可能知曉往後局勢的變化。雖然從現在往回看，我們很容易覺得一看就知道什麼是「正確」的決定，但請提醒自己，你已經在已知條件下盡力做到最好了。

應對方針：針對後見之明的懊悔，不妨問自己下列問題 ——

- 當初有可能預料到這些情況嗎？
- 當初得到的資訊並不完整或當下的狀況不明，我因此做出的決定是合理的嗎？
- 我是否願意承認，即便是優異的決策，有時還是可能導致不能怪罪於我的結果？

請提醒自己，之所以會有那些「早知當初」的念頭，純粹是因為你可以回顧過去，而且知道後來發生的事。或許你那時還年輕，或是無從得知接下來會發生什麼事，重點在於如果把你丟回同樣的情境、手中只有同樣的資訊，你很可能還是會做出同樣的決定。

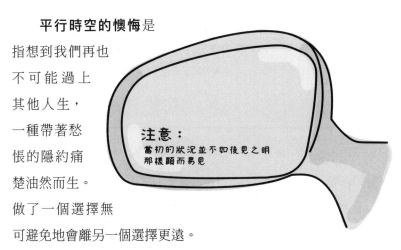

平行時空的懊悔是指想到我們再也不可能過上其他人生，一種帶著愁悵的隱約痛楚油然而生。做了一個選擇無可避免地會離另一個選擇更遠。

注意：
當初的狀況並不如後見之明那樣顯而易見

其中一個不錯的解決辦法是提醒自己，我們通常會過度浪漫化那些可能擁有的人生。幾年前，莉茲在「Craigslist」分類廣告網站上找到一張看起來很舒服的薄荷綠扶手椅，接下來整個星期她每天都要打開那個廣告好幾次，還寄了電子郵件給賣家，但遲遲沒有下訂。她最後決定不要買了，結果一周後，廣告就關了。

接下來有超過一年的時間，莉茲一直幻想如果買了那張薄荷綠的扶手椅，她的公寓一定看起來美呆了。

結果過陣子那張椅子又出現在 Craigslist 上了，但她並沒有像預期地秒下訂，因為她發現最初不買的決定是正確的，自己其實根本沒那麼喜歡它。就降，幻想就此拜拜。

應對方針：當你深陷在想像不同人生的糾結情緒中，有很大的機率會過度美化一切細節。在莉茲的想像中，那張薄荷綠的扶

手椅成了某種幸福快樂的神奇泉源，結果她居然讓它從指尖溜走了，雖然事實上她根本沒特別喜歡那張椅子。她也會提醒自己，之前買過的其他東西也帶來了短暫快樂，但從不會有長期的滿足感。仔細檢視想像中的替代現實，可幫助你戳破幻想的泡泡。

人生只有一次，沒有再來一次或重新開始的按鈕。你可以讓現實把你撕成碎片，或是學習莉茲的做法。她和先生討論過各自可能擁有的無限人生，其中百分之九十九都沒有對方。莉茲和她先生還是可以在任何時候，選擇沒有對方的人生，但他們沒有，這才是這個選擇最為獨一無二的地方。

匆促決定的懊悔這種情緒會出現在你應該花更多時間琢磨行動或策略，卻太早就一股腦往前衝。一項研究顯示，大家最常有的早知當初念頭是「未能把握機會」，但第二常見的悔恨呢？「操之過急」。[13]

　　想像八十歲的自己對你大吼：「辭職！馬上訂張去尼泊爾的單程機票！人生苦短啊！」應該易如反掌。但把人生的每分鐘都過得像最後一分鐘，並非可行之道。而且，如果你有規畫健全的退休儲蓄帳戶，八十歲的你可能會萬分感激。

　　讀者亞里莎生了第一個孩子後，她和先生開始看房。他們的地下室公寓住三個人實在有點擠，而且天花板薄得跟壁紙一樣，樓上鄰居的腳步聲非常有臨場感。重點是還有蟲害問題，有天亞里莎伸手要拿新尿布時，一隻超大蜘蛛跑到了尿布檯上，正好落在小寶寶身旁。此地不宜久留。

　　但尋覓新家遠比預想中的困難。亞里莎說：「待售房屋常常在上架的當天就有人出價。」這對夫妻好不容易找到一間他們超愛的房子，出價卻被拒絕了。他們深受打擊，但還是繼續看房，只不過更加心急了。幾天後，有間預算內的房子突然上架，他們就趕忙地出了價。這間房屋不具備他們想要的所有條件——庭院和廚房都太小，地點也不甚理想，而且是採分層設計，所以沒有太多開放空間——但他們想說總會有辦法的。

　　結果一知道賣家接受了出價，亞里莎就開始懷疑自己是不是做錯了。她向我們坦承：「我很期待搬新家，卻不太期待住進我們買的那棟房子。」時間一長，那間房子的缺點日益明顯，亞里莎也日益懊惱。[14]

　　應對方針：當你因匆促決定而感到懊悔，首先是要了解是什

麼情況讓你如此焦急。不妨問自己下列問題：

- 當初做這個決定時我有什麼感覺？
- 當時人生中發生了什麼事，讓我把謹慎拋諸腦後？

然後根據回你的答案為自己量身打造限制條件（如需相關做法，請見 p.150）。舉例來說，你可以規定自己在做出重大決定前，一定要先等上一或二晚，或是預留足夠的時間，和幾位可靠的朋友一同分析所有選項。亞里莎從這次的經驗學到，「想要的東西不一定要馬上到手。」在第一間房子待了六年後，她和先生現在準備好再次搬家了。亞里莎說：「我們現在放很開，就算看房過程拉得比第一次長很多也沒關係。我們會耐心等到真命天房出現為止。」

下次各位要做決策或處於類似情況時，不妨問自己以下幾個和時間有關的問題：

- 什麼事會讓我在一周內最為後悔？
- 如果是一年內呢？
- 十年？
- 五十年？

這項練習的目標不是為了找出完美解答，畢竟你也不可能真知道自己未來十年或五十年的狀況，但可藉此機會停下腳步反思

可能的結果，然後根據從中學到的資訊，選擇更為周密嚴謹、不會太過衝動的下一步。

　　拖延太久的懊悔發生在你回顧過去時想說：「我怎麼會讓事情歹戲拖棚這麼久？」或是「為什麼我等了這麼久才做那件事或那個決定？」或許你明知這段關係行不通，但還是繼續跟前任耗了好一段時間，或是明明在某個地方痛苦得不得了，還是撐了好幾年才決定要離開。

　　讀者綺亞已結婚十年了，[15] 雖然婚姻關係看似完美──住在美侖美奐的房子、有二隻狗、經常出遊──但先生卻是個控制狂。他經常批評她的飲食、逼得她不得不靠他才能取得工作簽，並把銀行帳戶和各式福利都登記在他的名下。綺亞知道這種關係並不健康，但她很怕孤身一人、必須走出自己的路，所以拖了好幾年都沒有下定決心。

　　離婚是綺亞這輩子做過最難的事。她和我們說：「我失去了一切，他取消了帳行帳戶、取消了工作簽、取消了健保，全都沒了。」

　　但幾個月後，綺亞除了身心交瘁外，她還多了一種感受：自由。不僅如此，她更找到養活自己的各種辦法，並重新找回了自己。「離婚教會我靠自己最好。」

　　應對方針：首先，在自我對話時請採取信心喊話的方式。與其用「我應該早點怎樣怎樣」這類的句子責備自己，不妨試著說：

「我是有能力去做那件事的，不管是花了多少時間才辦到。」

接著從過去歹戲拖棚的經歷中汲取教訓，問自己下列問題：

- 我是如何知曉當時的做法行不通？
- 什麼原因讓我沒有更快採取行動？

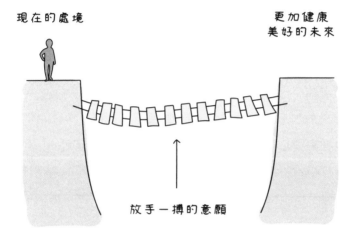

對付拖延太久的懊悔，採取行動前最常見的障礙如下所列：

- **恐懼**：你害怕做出決定後的變動。這時只要提醒自己，
  大多數的時候我們怕的不是改變，而是隨之而來的不確
  定性（詳細內容請見第一章）。
- **需要更多資訊**：你覺得手中的資訊不足以做出決定。
  別忘了，某些決策是永遠不可能有「足夠」的資訊，
  就算分析能力再高超也沒轍。
- **等待完美時機**：你不斷告訴自己只是時機未到。再說

一次，你可能永遠也等不到靈光一閃的時機，有時就
是必須賭一把。

回想過去因為拖延太久而懊悔不已的情況，看看能否從中找
出固有的行為模式，日後就可以多加小心。舉例來說，你可以提
醒自己：「我每次都覺得自己手上的資訊不夠，但我現在已經知
道，無法即時從負面處境中脫身是我的壞習慣。這是現在的情況
嗎？」

各位還可以問自己下列幾個問題：

- 我現在有哪些選擇？
- 這次是什麼原因讓我畏縮不前？有辦法處理這些擔憂
  或不利因素嗎？
- 有可能奪回錯失的機會嗎？可以的話，該怎麼做？
- 如果不行，要如何重新評估局勢，將這件事收尾並從
  中取得日後可用的資訊？

自離婚後，綺亞拼命工作，自力更生打造全然屬於自己的世
界。她自己經營個人診所、理財、和懂得欣賞她獨立特質的對象
在一起。綺亞表示，悔恨讓她更加堅強，並說：「因為感到後悔，
所以現在我有話必說，而且堅信自己的直覺。經歷過悔恨的煎
熬，我才得以破繭而出。」

不聽直覺的懊悔是發生在明明直覺告訴你要避開負面後果或創造正面結果，你卻置若罔聞。最常見的情境是你必須和別人一同做決定時，你將他人的理由、需求或直覺擺在前頭。討好型人格最常有這種懊悔之情。

莫莉悔不當初的是沒有早一點開始備孕。她大概在三十歲的時候想生小孩。她媽媽在生妹妹之前，連續流產了二次，所以她知道那在身心上都是很折磨人的事。直覺告訴她，等到三十幾歲再來懷孕可能會困難重重，而且這個強烈信念不僅僅是來自於她看的那些生育力與年齡趨勢圖。

莫莉的先生克里斯當初想要過陣子再試。在他的成長過程中，財務和事業發展的穩定程度大大影響著父母的狀況好壞。而在創意產業工作的他，總覺得自己的薪水雖然還算可以，但又不到足以支撐全家的程度。他擔心太早有小孩會逼得他不得不在做一個自己想成為的爸爸，和經營足以養活一家大小的事業間做選擇。他不覺得莫莉會有不易受孕的問題，然後雙方同意等莫莉三十二歲時再來討論。但到那個時候，克里斯還是沒準備好。莫莉十分沮喪，並向朋友抱怨，她們翻了翻白眼說：「男人永遠不會準備好。」莫莉不想逼迫克里斯，或害他更擔心工作的事。但過沒多久，莫莉就受傷了，然後演變成慢性疼痛。結果當克里斯終於覺得萬事俱備時，換莫莉不認為自己的身體適合懷孕了。

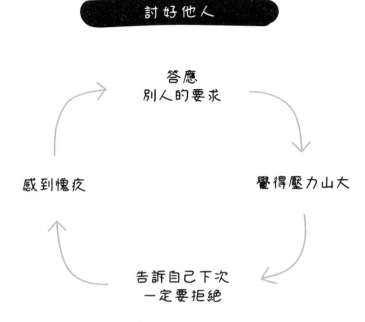

應對方針：首先，給自己的直覺拍拍手，然後就放過自己吧，因為光靠直覺要說服自己（或別人）本來就不容易。接下來，請回顧整個過程，然後回答下列問題：

- 我想討好的是誰？
- 我是基於什麼原因沒有聽從直覺？
- 為什麼當初會有如此準確的直覺？
- 以後該怎麼做才能傾聽並遵從直覺？

　　你可以事先想幾個好辦法替自己和直覺發聲，以供日後使用，效果通常不錯。莉茲和莫莉最常用下方這個句子來傳達自身感受，成功率頗高：「當你＿＿＿，我感覺＿＿＿。」也可以換句話說：「我強烈認為＿＿＿。我覺得認為必須好好探究背後的原因，所以我希望可以和你談談為何我會有這種感受。」

　　莫莉很懊惱當初沒好好向先生傳達自身想法，放任他說服自己不急著生孩子，更是追悔莫及。但她也因此明白相信直覺的重要性，而且以後在做重大決定時，都必須確保自己和先生完全了解對方背後的論據。

　　最後，不要讓懊悔變成怨恨。縱使你的直覺從來都是對的，但心懷怨恨只會害自己與身邊的人都陷入愁雲慘霧之中。

　　為了放下心中的懊悔，莫莉決定重新架構她和丈夫一起做的那個決定。現在她對自己說的故事是：他們一起做了這個決定，就算她逼先生早幾年生孩子，他也不會因此做好準備。又或者，她還是會遇到同樣的身心健康問題，但同時還有個稚子呦呦待哺。莫莉現在這個版本的故事代表先生一直都是為了彼此著想，但也是遇到了這次危機，他才明白未來充滿不確定性。

　　自我毀滅的懊悔常發生在你做了某件事，但在當下有意識或無意識間就知道自己做錯了，因為這麼做只是為了保護自己免於另一種強烈不適情緒的傷害。或許你是害怕承諾，所以劈腿了；又或者是害怕被拒絕，所以不去應徵某個工作。

　　讀者亞歷克斯對我們說：「有好長一段時間，我發現自己在社交場合常會感到焦慮不安，所以一直靠酒精來抑制這種感受。結果好幾次因為喝到掛而出醜、鬧事，便明白自己必須停止擔心有沒有融入環境，而是該在沒有酒精的催化下，展現真實的自己。」[16]

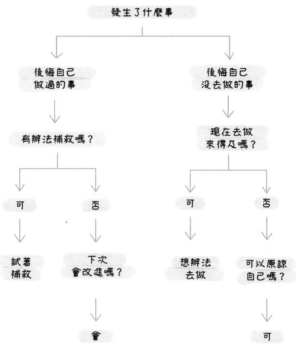

　　應對方針：相較於其他類型的懊悔，自我毀滅通常需要付出較多心力才能有所改善，因此在治療師或支持團體的協助下會比較容易。如果你向來有自我毀滅的傾向，可能是在自身價值或危

機處理能力上有著某種根深蒂固的信念。當我們請讀者分享心中最大的悔恨時，許多人的版本裡都有「希望當初我更愛自己一點」，因為過往的許多決策都是出自於覺得自己不值得。這種觀念是可以扭轉的，但需要長時間的練習，所以最好在有足夠支持力量的環境中進行，並由受過訓練的專業人士主導。

成癮也是自我毀滅的一種形式，雖然我們會特別在這句話上標註星號，因為成癮性很大一部分是來自基因遺傳。匿名戒酒會（簡稱 AA）的某位成員曾在自己的部落格上分享：「酒癮是醫療問題。」[17] 不論是哪種成癮問題，都會削弱患者的決策能力。這位匿名戒酒會的部落客解釋，不像其他的懊悔類型，因成癮產生的悔恨感比較少跟道德選擇有關。「因為你的（醫療）狀況導致你就是〔沒有〕辦法做出特定選擇──或是沒能力做出較佳決策。」

如果你有因自我毀滅（不論是不是來自成癮問題）而生的悔恨，且涉及對他人的傷害，就必須修復關係，才能化解這種情緒。以下是匿名戒酒會康復計畫中的步驟八到十：

8. 寫下我們曾傷害過的所有人，並打從心底希望對他們做出補償。

9. 盡可能直接與這些人修復關係，除非這麼做會傷到對方或他人。

10. 持續盤點、反思自己的人生，一旦發生錯誤就盡快承認。[18]

注意，這不代表我們建議各位跳過匿名戒酒會康復計畫中的

步驟一到七，或是在沒有其他康復之友的引導下，任意展開十二步驟的康復計畫。分享這些步驟只是想告訴大家，關鍵在於採取行動才能擺脫自我毀滅傾向，進而解決心中的懊悔感。）

請好好地檢視自己因自我毀滅而生的懊悔心情，並自問下列問題：

- 為什麼我會做出那個決定？
- 我真正想要躲開的是什麼？
- 我希望自己可以做出什麼樣不同的決定？

所有類型的懊悔：對自己寬容些。加州大學柏克萊分校的研究人員發現，接受事已至此、不對自己窮追猛打的人比較能夠將後悔轉換成自我提升的動機。

接下來我們還想為各位提供幾個普遍適用的策略，助大家順利走過懊悔時刻。就算你已回答了本章提到的所有問題，早知當初怎樣怎樣的念頭還是很可能不時在腦海中閃過；又或許是你經歷到的悔意不太符合上述的六大類型。

3. 提醒自己已擁有的事物

拉比哈洛德・庫希納（Harold Kushner）寫道：「『或許可能』是地獄的最佳定義。」[19]

當你卡在悔恨的泥沼中，很容易就落入惡性循環的陷阱，不斷想著自己可以採取不同做法的所有事情。愈仔細想那些可能的情境，情緒反應就會愈劇烈。心理學家稱之為「情感放大」效果。[20]（電影導演就是運用這個手法來賺人熱淚。當電影角色說：「這是最後一趟任務」或「我不太確定耶」，正因為安全已近在眼前了，所以他們突然死掉才更加令人心痛。[21]）

換句話說，愈是沉浸在那些可能發生之事的幻想中，就愈容易忘記生活中的美好事物。

當你發現自己快被那些早知當初的想法淹沒時，請堅定地捏熄這些不切實際的念頭，方法是列出人生中所有值得感激的事。工作坊的一位學員跟我們說：「每次早知當初的念頭出現時，我就會自問：我願意為了一個『可能』放棄現在擁有的哪些回憶和親友？通常想完我就改變心意了。」[22]

研究人員已證實，感到懊悔時只要多加想想以下兩個提示，就比較容易感覺好受一點並繼續前進：[23]

- 任何事情都能用不同的觀點解讀
- 所有經歷都有其正面價值

人生就是一場有失有得的遊戲。作家查爾斯・杜希格（Charles Duhigg）在談論到他和太太生小孩的決定時，承認自己有時也會想說，如果沒有小孩他或許還能再多寫幾本書。他分享

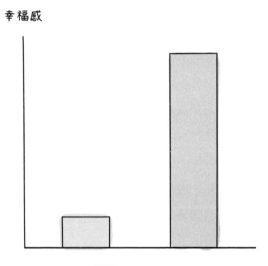

幸福感

只看自己沒有的　　多想自己擁有的

說：「沒小孩我應該也一樣開心。」但另一方面來說，他補充到：「我超愛我的孩子，也很喜歡有小孩的生活。很慶幸我們生下了〔他們〕，因為我覺得自己因此變得較不自私了，養兒育女讓我成為更好的人。[24]」

你也可以清點一下自己成功躲過的每件壞事，比方說選了份

薪水較低的工作，但因此時間變得非常自由；只要你又開始後悔自己的決定，就想像一下休閒時間被工作吞噬殆盡的悲慘畫面，你肯定不會喜歡的。

4. 把「早知道」換成「那如果」

「後悔可以是上好的燃料，所以活在悔恨中卻不做任何改變，就完全辜負了這番美意了。」作家歐各思坦・柏洛如此寫道。[25]

下次你發現腦中又不斷冒出「早知道我就……」這類的句子，試著把它換成：「那如果……？」舉例來說，如果你想的是：「早知道我就對自己更有信心了，」改成問自己：「那如果我表現得更有自信呢？」然後寫下幾個可能的答案。

不是所有悔意都適合這個架構。我們的朋友傑克森曾經不小心按下傳送鍵、寄出草擬到一半的薪資談判電子郵件，因此害自己丟了那份工作邀約。「那如果我沒有過早按下傳送鍵呢？」只會害他陷入更深的悔恨之中。但宏觀來看，就算在最糟的處境下，你還是可以找出實用的「那如果」句子。傑克森現在會問自己：「那如果我在擬稿前先把收件人的電子郵件地址刪掉呢？那如果我稍稍放慢動作呢？」

面對懊悔，要克服負面的自我論述，就好比要走出碧昂絲演唱會結束後的停車場一樣，難如登天。請試著填寫下列陳述，把那些圍繞著悔恨的信念找出來：

- 我很害怕，因為我＿＿＿，以後再也不會有機會＿＿＿。
- 因為我過去＿＿＿，所以表示我永遠會是個＿＿＿的人。
- 我還是怪自己當初＿＿＿，而且我永遠不可能放下那件事。
- 早知道我當初就應該＿＿＿。

　　這些都是常見的懊悔念頭，而且一旦有這些徵兆，就表示自我反省開始變成自我毀滅了。重讀一遍自己寫下的話語，然後重新評估這些陳述是否正確（提示：肯定不是）。不要對自己說：「早知道我當初就應該為自己發聲，」改成問句：「為什麼我沒那麼做？」或是「如果我現在開始更頻繁為自己發聲呢？」切換成彈性較大的思維模式有助於你從經驗中學習，對過去、現在和未來

善用的重新框架法

早知道　→　那如果

我錯過機會了　→　現在可以怎麼做？

我犯錯了　→　現在我知道什麼不該做了

的自己更有同理心。

5. 記得悔意遲早會消失或淡去

雖然你現在可能滿心悔恨，但別忘了這種感受有天會淡去。我們往往低估了自己適應新情境與善用手上既有資源與所處環境的能力。一位工作坊學員告訴我們：「我一直以為懊悔感永遠不會離去，但現在我已明白，悔恨存在的時間長短，完全取決於個人選擇要耽溺多久。是我自己冥頑不靈，明明該繼續前進、珍惜所有，卻緊抓著那些如果可能不放。」

科林・約斯特問爸爸是否後悔辭掉自己熱愛的工作，爸爸說：「辭去那份工作是我做過最好的決定。因為後來我開始教書，所以放學後能花更多時間待在家陪你們兄弟倆，而且數千名上過我課的孩童，人生都因此深受影響。在親身實踐之前，我從不知道這件事對我來說如此重要。」[26] 後悔帶來的強烈痛楚會隨著時間漸漸淡去、蛻變；在某些情況下，「錯誤的決定」反而會引領我們覓得更美好的事物。

ele

不論走在人生的哪條道路上，我們都會在人生的某些時刻對沒選擇的那條路產生一定程度的悔意。但只要找對方法，反覆思

量那些如果可能之事或許能成為助力。雖說覆水難收，不過反省過錯還是能夠幫助我們了解自己來自何處、如何走到現在這步、以及日後該往哪去。只要記得，切莫沉溺在過去太久。

好用建議

- #絕不後悔 的人生並非不可能，只是勢必要有所取捨。
- 當你預期自己可能會後悔，不妨選幾個時間範圍去思考其中的可能性。
- 允許自己哀悼不曾選擇的人生。
- 認識自己的後悔類型。
- 如果是後見之明和平行時空的懊悔，一定要趁早戳破幻想泡泡。
- 如果是其他類型的幻想，不妨借鏡過去、迎向未來。
- 對自己溫柔些，人非聖賢、熟能無過。
- 別忘了悔意會隨時間淡去。

結論

　　棘手情緒可能會沉重到令人喘不過氣。我們寫這本書就是為了證明，這些折磨人的情緒不僅十分常見，我們甚至有機會從中領會全新的智慧。允許自己哀悼未曾走過的人生道路，有助於我們在前進的路上做出更明智的選擇。仔細聆聽會觸發我們最兇猛妒意的因素，便更能明白自己真正重視的事。而且就算處於絕望之中，那盞希望的燈看似永遠熄滅了，但最終我們甚至會加深對自己的認識和對他人的同理。

　　與此同時，棘手情緒常常在當下令人痛苦難耐、感覺毫無意義。我們寧願不要經歷這些困頓時刻，也不要被逼著從中學習。但在康復的過程中，一定可以找到其中真意。

　　像絕望或完美主義等棘手情緒，即便在當下絲毫看不出用處，還是可以帶來心理學家所稱的「創傷後成長」（PTG）效果。在經歷過長時間的磨難或核心信念受到挑戰後，我們通常會更加珍惜人生中的美好事物，也會對自己有更深刻的認識。比方說，沒人想經歷可怕的心碎，但有時慘烈的分手會讓你知道自己希望以後的伴侶具備哪些特質，以及自己仍有許多值得被愛之處。當然，所有人大概都不會選擇經歷創傷後成長的折磨。但只要記得，就算當下覺得自己支離破碎，總有一天一定能夠重新站穩腳步並有所收穫。

創傷後成長可以帶來以下幾種獨一無二的效果：

1. 變得更加珍惜人生
2. 和所愛之人的關係更加緊密
3. 對自己面對挑戰的能力更加自信
4. 獲得更深切的平靜
5. 看見自己的更多可能性[1]

換句話說，最艱困的時刻可以使我們變成更好的人。經歷棘手情緒絕非易事，但只要成功度過不確定性、過勞、懊悔（即使只是短暫的一瞬間），就能加深自己下次、還有下下次也做得到的信念。

我們（莉茲和莫莉）自從上本書《我工作，我沒有不開心》出版後都改變了許多，在寫這本書的過程中也不斷蛻變。莉茲學會覺察到自己太過沉溺於想像災難性的未來情境，也更願意接納自己心情上的變化；莫莉覺得自己和過去相比，不再如此語帶批判和不知變通；不僅如此，我們兩個人在面對各自議題時的孤獨感都少了許多。

但我們尚未從人生的挑戰中「全身而退」。寫書加全職工作讓莉茲頸椎和手部的疼痛問題再度復發。她和先生都還在哀悼先生父親的離世，同時又要陪伴莉茲的父親面對健康問題。莫莉的身體多處都有肌腱疼痛的問題，仍需持續接受物理治療，而且寫這

本書的時候，經常性地需要他人幫忙打字；至今仍在接受治療與用藥。上個月我們都崩潰大哭過，不知道講過幾次，兩個人在寫過勞主題，結果自己也在奮力對抗過勞，說有多諷刺就有諷刺。如同詩人里爾克（Rainer Maria Rilke）給我們的提醒：「不要以為試著安慰你的那個人活得毫不費力，才能輕鬆講出如此平靜、簡單、有時甚至於你有益的話語……若果真如此，那個人便不會有辦法說出這些字句。」[2]也就是說：任何人如果正在寫一本建議之書，原因可能是他們也遭遇了同樣挑戰，不但曾深受其害，甚至可能仍在其中苦苦掙扎。

　　非常感謝有這麼多人願意為這本書向我們敞開心房。我們得知有位編輯在年輕時失去了一位雙親，另一位編輯也在COVID-19疫情期間因酒癮失去了一位雙親。我們一起合作《我工作，我沒有不開心》一書時，從未在對話中談及這些事。和他人分享這些心事是很令人忐忑的，更別提出要寫進書裡、讓全世界窺見自己最黑暗的時刻，但書本可以撫慰人心，然後再一起把善意傳出去。

　　探索棘手情緒時，治療師可以帶來不少幫助(請見p.299的「心理治療及其他平價與免費選項」與「台灣讀者適用資源」)。如同讀者雅蓮卡和我們說的：「我有時會開玩笑說自己需要心理治療，才有力氣去應付那些不接受心理治療的人。」

就算有心理治療的幫助，各位還是必須記得，書中提及的訣竅一定是說比做容易，處理棘手情緒沒有任何捷徑，而且也沒有一勞永逸這個選項。我們永遠都會不時因後悔而心痛，人生中也一定有些日子會感到特別灰暗且無助。但隨著時間過去，總有一天我們都能達到棘手情緒崩於前、面不改色的境界。

我們希望本書以及大家和我們分享的這些故事能讓各位獲得些許寬慰，助各位在諸事不順時，日子還是能順順的過。

致謝

寫一本書要靠整個團隊的幫忙，因此莉茲和莫莉想感謝下列朋友：

莉亞・仇柏斯（Leah Trouwborst）二度打從心底相信我們，是最為熱心投入、精力充沛的夥伴。翠許・達利（Trish Daly）半途加入，並以高超的專業能力帶領我們實現願景。莉莎・迪莫那（Lisa Dimona）不僅給予我們無限支持，而且總是走在趨勢前端，為我們的構想梳理出頭緒。茱莉・莫索（Julie Mosow）以其業界頂尖的編輯功力，助我們成功向讀者吐露出真切心聲並建立情感連結。蘿倫・卡茲（Laura Katz）則為我們耐心搜集了許多研究資料並提供思慮周全的建議。

文學經紀公司 Writers House 團隊：勞倫・卡斯里（Lauren Carsley）、瑪雅・尼可力克（Maja Nikolic）、潔西卡・柏格（Jessica Berger）和海恩・利普斯卡（Chaim Lipskar），你們以無比的耐性回答了無數問題，並一手包辦了國際版權事宜。

企鵝出版公司團隊：妮娜・羅德里奎茲 - 馬帝（Nina Rodriguez-Marty）出力構想了書名。布萊恩・雷穆斯（Brian Lemus）提供了超棒的封面設計。萊恩・波以耳（Ryan Boyle）和梅根・麥考馬克（Megan McCormack）則給予了強力支援。史蒂芬妮・布魯迪（Stefanie Brody）和蕾吉娜・安德羅尼（Regina Andreoni）親自安排了所有公關與行銷事宜。阿德里安‧札克海姆（Adrian Zackheim）用更為優雅的方式向我們重新提案此書，遠比我們原先的簡報厲害多了。

給予我們諸多寶貴時間和想法的專家：感謝蒂芬妮‧蒂格諾博士（Dr. Stefanie Tignor）、莫莉‧桑斯醫師（Dr. Molly Sands）、卡莉貝‧賈西亞（Caribay Garcia）、克蘿伊‧夏夏（Cloe Sha-sha）、愛咪‧邦索（Amy Bonsall）、艾瑪‧羅席耶博士（Dr. Emma Routhier）、湯馬斯‧格林斯龐博士（Dr. Thomas Green-spon）、譚雅‧蓋斯勒（Tanya Geisler）以及蘿貝卡‧紐克（Rebecca Newkirk）的大力相助。

我們的第一位讀者：葛蕾絲派瑞（Grace Perry）和喬安娜‧米勒（Joanna Miller）。

支持我們的作家：蘇珊‧坎恩（Susan Cain）、亞當‧格蘭特（Adam Grant）、丹‧皮克（Dan Pink）、馬爾肯‧格萊德威爾（Malcolm Gladwell）以及拉斯洛‧巴克（Laszlo Bock）。另外也感謝帕尼歐‧吉亞那波利斯（Panio Gianopoulos）和「Next Big Idea Club」團隊的支持。

攝影師：妮娜‧沙賓（Nina Subin）和波妮‧芮‧米爾斯（Bonnie Rae Mills）。

願意與我們分享故事、勇敢不凡的各位：派翠西亞（Priscil-la）、雅蓮卡（Yalenka）、萊斯利（Leslie）、麥奇（Maike）、麗莎

（Lisa）、納維（Naveed）、艾莉（Ellie）、梅格（Meg）娜塔莉（Nataly）、傑（Jay）、卡嘉（Katja）、莎拉（Sarah）、賈奈兒（Ya-nelle）、伊莉莎白（Elizabeth）、戴夫（Dave）、米莉安（Miriam）、安柏・瑞（Amber Rae）、卡莉貝（Caribay）、蘇珊（Susan）、潔娜（Jayna）、瑪度拉（Madhura）、艾莉（Allie）、丹妮拉（Daniela）、安娜（Anna）、克莉絲汀（Kristin）、伊莉莎（Eliza）、綺亞（Kia）、亞歷克斯（Alex）、卡拉（Karla）、格里芬（Griffin）、瑞秋（Ra-chel）、卡洛琳（Caroline）、吉娜（Gina）、卡拉（Kara）、喬伊（Joy）以及我們答應保密的各位。

ele

來自莉茲的感謝：

致莫莉：你是最有耐心的寫作夥伴，在我臥病在床、無能為力時挺身而出，從不參加船上派對，而且總是把我們的友誼擺在第一。

致爸媽：謝謝你們一直是我最忠實的擁護者，就算你們根本不太確定我的工作是什麼，也不知道我傳給你們的網路內容在說什麼。我好愛你們。

致馬克欽：感謝你的「加油打氣！」，讓我在你的戴爾電腦上使用微軟 Word，以及成為我最可靠的靠山，總是能夠讓我的一天化腐朽為神奇。

致讓本書成真的所有人，不管是幫看草稿、分享自身經驗，或是在我需要時逗我笑的各位：Marina A.、Carmen A.、Vivek A.、B. A.、Erica A.、Nick D.、Susan E.、Jay F.、Susan F.、Wenche F.、Caitlin G.、Griffin G.、Caribay G.、Anne H.、Dennis H.、Becca J.、Hee-Sun K.、Carly K.、Cori L.、Emily M.、Jason N.、Emily N.、Josh R.、the Reeds、Molly S.、Kris S.、Stefanie T.、Erik T.、Christine T.、Logan U. 以及 Hannah Y.。

致在社群媒體上追蹤 @lizandmollie 的粉絲：我無法用言語表達各位的留言和訊息對我來說意義有多重大。和各位的交流互動是我人生中最為美好的一段經歷，尤其是能夠談論那些特別難以啟齒的事。

最後，致過去和現在的同事：安迪・王（Andy Wong），你一直是我的明燈。芮根（Reigan）和「Humu」的各位，謝謝你們無條件的支持，給我充分的時間讓此書誕生於世。

ele

來自莫莉的感謝：

致莉茲：感謝她願意和我再次合著第二本書，儘管我們當初明明都同意不要再來一次了。你的插圖是我百看不厭、最為喜愛的部分。你同時也是最專心致志的聽眾與最體貼周到的摯友。

致家人：謝謝各位的愛和支持，陪伴我走過人生的起起落

落，尤其是蘿倫（Laura）、凱特（Kate）、大衛（David）、潔姬（Jackie）莎拉（Sarah）、珍妮（Jenny）以及達菲一家（the Duffys）。謝謝茱蒂（Judy）和我們分享人生的智慧與希望。

致協助我們研究和寫作的各位：卡諾亞・康寧漢（Kainoa Cunningham）、沙黛・哈波（Sadé Harper）、梅塔・丹尼耶（Meta Daniel）、安德雷亞・維加（Andrea Vega）以及雷利・布萊文斯（Reilly Blevins）。

致經常關心我、陪我說話和聽我訴苦的友人：Julia B.，謝謝你每天傳簡訊給我，還有 Annie、Julia M.、Sophie、Emily、Skylar、Hayley、Hannah、Christine、Danielle、Lillie、Nse、Alice K.、Caitlin、Julia S.、Meryl 以及 Katie O.。

致過去和現在的同事和客戶：謝謝各位給予的靈感和支持。

致在康復之路上幫助過我的所有人：**琳賽・布魯內爾**（Lindsay Brunner）、派翠克・歐洛克（Patrick O'Rourke）、傑瑞德・維吉（Jared Vegy）（一流的物理治療師）、雪倫・拉弗地（Sharon Rafferty）（一流的治療師）、吉娜・P（Gina P.）、梅格・L（Meg L.）、瑞秋・K（Rachel K.）、莫林・K（Maurine K.）、蘇珊・M（Susan M.），以及蘿比・蘇珊・戈柏（Rabbi Susan Goldberg）與「Nefesh」洛杉磯社群。

最後，致克里斯：你是令我神魂顛倒的丈夫，幽默風趣、溫柔善良且創意十足。謝謝你給予的無盡支持、耐心與愛意，對我來說重要無比。我喜歡你、我愛你。

常用資源清單

心理治療及其他平價與免費選項

如先前所說，諮商治療可以讓人脫胎換骨，但多數情況下都要花上數月（或數年）每周進行諮商晤談，才能徹底將創傷或有害思維模式梳理清楚。但不幸的是，這也表示治療費用會不斷增加，如果你的保險自負額很高，或是不給付特定類型的治療師費用，那等於讓處境是雪上加霜。比方說，如果你深受創傷後壓力症候群或異常飲食行為之苦，就可能需要找專科治療師諮商。

如果你找不到符合個人需求與預算的治療師，不妨參考下列幾個平價選項：

- 有些治療師是採用彈性收費機制，通常是落在七十五到一百六十美元之間，依照個案可負擔的金額而定。如需搜尋這類治療，請上 goodtherapy.org 和「*Psychology Today*」網站查詢相關名錄。
- 非營利組織「Open Path Collective」提供約有一萬四千名、專攻不同領域的治療師網絡。只要繳交一次性入會費六十美元，即可使用線上或面對面諮商服務，每次晤談費用為三十到八十美元。

- 地區診所也是不錯的免費或平價選項資源，通常會由實習生在專業人士的督導下提供心理健康相關服務（例如正在研讀心理治療或社工的學生）。由於有這項制度，他們才能免費或以極低的費用提供各式各樣的服務。以下是查詢相關診所的方式：
  - 如需轉介，請聯絡全國精神疾病聯盟求助熱線（National Alliance on Mental Illness，簡稱 NAMI)，網址：info@nami.org，專線：800-950-6264。
  - 造訪 mentalhealth.gov 或「物質成癮和心理健康服務部」（Substance Abuse and Mental Health Services Administration）網站：https://findtreatment.samhsa.gov/locator。後者可以搜尋提供費用補助或滑動付費機制的機構設施。
  - 向初級醫療照護提供者詢問所在地區的相關選項。

　　如果可以，最好與治療師建立平等的互信互動關係。所以在可行的情況下，不妨多試幾位治療師，看看哪位與你最合拍。記得在初次晤談前或晤談中時，告知治療師你還在摸索不同的治療選項。

台灣讀者適用資源

　　台灣讀者如面臨心理問題需諮商治療服務，建議可至各大醫院精神科掛號轉介心理師，或是地區身心診所門診尋求專業醫療建議。

　　全台各縣市皆有免費的諮商資源可使用，可洽詢各地衛生局或心衛中心資訊或電洽聯繫。

或參考以下免費諮詢專線：

二十四小時免費專線：

- 安心專線 1925（諧音：依舊愛我），由衛福部提供二十四小時免費心理諮詢服務，如果感到焦慮、難受，都可以電話直接撥打 1925 進行諮詢。
- 1995 社團法人國際生命線台灣總會協談輔導專線
- 0800–770–885 戒癮成功專線

免費專線（有服務時段）：

- 1980 張老師專線
  （周一至周六上午九點至晚上九點；週日至下午五點）
- 0800–507–272 中華民國家庭照顧者關懷總會諮詢專線
  （周一至週五上午九點至下午五點）
- 1966 衛福部長照專線
  （周一至周五上午八點半至下午五點二十，前五分鐘通話免費）

・0800-013-999 衛福部男性關懷專線

（每日上午九點至晚上十一點）

線上簡易自我狀況檢測量表：

・心情溫度計 APP（https://bsrs.page.link/55q2）

心情溫度計為簡式健康量表 (Brief Symptom Rating Scale，以下簡稱 BSRS-5) 的俗稱，主要在作為精神症狀之篩檢表，目的在於能夠迅速了解個人的心理照護需求，進而提供所需之心理衛生服務。與其他篩檢量表相比，心情溫度計具備有簡短、使用容易之特性，研究結果更顯示心情溫度計在社區大規模調查中仍具有良好之信效度。

更多詳細資訊與資源可造訪衛服部心理健康司查詢（https://www.mohw.gov.tw/cp-88-212-1-22.html）

有助於面對棘手情緒的相關書籍

- 《詩之救贖：身心靈的最佳良藥》（暫譯，*The Poetry Remedy: Prescriptions for the Heart, Mind, and Soul*），作者：威廉・席格哈（William Sieghart）

- 《孤寂廢墟：獻給困頓之人的美麗詩詞》（暫譯，*How Lovely the Ruins: Inspirational Poems and Words for Difficult Times*），編輯：安妮・查格那（Annie Chagnot）與艾美・伊坎達（Emi Ikkanda）

- 《事出必有因：還有其他那些令人著迷的謊言》（暫譯，*Everything Happens for a Reason: And Other Lies I've Loved*），作者：凱特・鮑勒（Kate Bowler）

- 《幸運兒：清醒人生的神奇魔法》（暫譯，*We Are the Luckiest: The Surprising Magic of a Sober Life*），作者：蘿拉・麥克考溫（Laura McKowen）

- 《也許你該找人聊聊：一個諮商心理師與她的心理師，以及我們的生活》，作者：蘿蕊・葛利布（Lori Gottlieb）

- 《當好人遇上壞事》，作者：哈洛德・庫希納（Harold S. Kushner）

- 《我們要有足夠的勇氣讓自己心碎》，作者：雪兒・史翠德（Cheryl Strayed）

- 《生命太苦就讀些美好的詩篇吧》（暫譯，*Good Poems for Hard Times*），編輯：葛瑞森・凱樂（Garrison Keillor）

- 《縫補傷口：如何找尋人生的意義、希望和修復》（暫譯，*Stitches: A Handbook on Meaning, Hope and Repair*），作者：安・拉莫特（Anne

Lamott)

- 《全然接受這樣的我》，作者：塔拉·布萊克（Tara Brach）
- 《美麗的野獸：以全新觀點重新看待焦慮》（暫譯，*First, We Make the Beast Beautiful: A New Journey through Anxiety*），作者：莎拉·威爾森（Sarah Wilson）
- 《令人神往的靜坐開悟：普林斯頓大受歡迎的佛學與現代心理學》，作者：羅伯·賴特（Robert Wright）
- 《弗洛伊德遇見佛陀：精神分析和佛教論欲望》（暫譯，*Going to Pieces without Falling Apart: A Buddhist Perspective on Wholeness*），作者：馬克·愛普斯坦（Mark Epstein）
- 《微不足道的感受：一位亞裔美國人的復仇》（暫譯，*Minor Feelings: An Asian American Reckoning*），作者：凱西·帕克（Cathy Park Hong）

各章相關資源

喜愛的冥想導引清單

- 「Insight Timer」應用程式（免費）：
  - 塔拉‧布拉克（Tara Brach）：「Breath And Awareness」、「A Pause for Presence」、「Vipassana (Basic) Meditation」
  - 莎拉‧布朗汀（Sarah Blondin）：「You Are Allowed」、「Learning to Surrender」、「Accepting Change」
  - 賈德森‧布魯爾（Judson Brewer）：「Working with Stress」、「Body Scan for When You Only Have a Few Minutes」
  - 安莫芮‧羅利（Annemaree Rowley）：「Letting Go Meditation」、「Pause」
  - 傑克‧康菲爾德（Jack Kornfield）：「Breathing Meditation」、「How to Transform Any Hard Situation」
  - 文恩‧霍夫（Wim Hof）：「Invigorating Breathing Exercise"」
  - 瑪麗‧麥達克斯（Mary Maddux）：「Guided Meditation for Patience」

- 釋一行禪師（Thich Nhat Hanh）：「Mindful Breathing」、「How Do We Deal with Regrets?」

- 「Ten Percent Happier」應用程式（有提供部分試聽，但大多是會員方可收聽）：
  - 雪倫‧薩爾茲堡（Sharon Salzberg）：「Feeling the Breath」、「Balance」
  - 約瑟夫‧戈登斯坦（Joseph Goldstein）：「Fear」、「Mindfulness Meditation」
  - 喬‧卡巴金（Jon Kabat-Zinn）：「Attending to Awareness」

- 「Calm」應用程式（有提供部分試聽，但大多是會員方可收聽）：
  - 傑夫‧瓦倫（Jeff Warren）：「How to Meditate Series」、「Daily Trip Highlights」
  - 艾麗莎‧戈登斯坦（Elisha Goldstein）：「Anxiety Release」
  - 塔拉‧布拉克：「Relaxed Open-hearted Presence」
  - 塔瑪拉‧拉維持（Tamara Levitt）：「Emotions Series」
  - 奧朗‧傑‧舒佛（Oren Jay Sofer）：「7 Days of Soothing Pain」

第三章：憤怒

憤怒相關資源

- 《憤怒成就了她：女人憤怒的力量》（暫譯，*Rage Becomes Her: The Power of Women's Anger*），作者：索拉雅・奇梅利（Soraya Chemaly）

- 《倖存大法：不要以為自己辦不到》（暫譯，*This Is How: Surviving What You Think You Can't*），作者：歐各思坦・柏洛（Augusten Burroughs）

- 《憤怒的白人：時代末期的美國男性氣質》（暫譯，*Angry White Men: American Masculinity at the End of an Era*），作者：邁克爾・基梅爾（Michael Kimmel）

- 《好與壞：女性憤怒的革命力量》（暫譯，*Good and Mad: The Revolutionary Power of Women's Anger*），作者：雷貝嘉・崔斯特（Rebecca Traister）

- 《憤怒落差：種族如何形塑政治角力中的情緒手段》（暫譯，*The Anger Gap: How Race Shapes Emotion in Politics*），作者：達文・L・費尼克斯（Davin L. Phoenix）

- 《憤怒的終點：新世代對種族與憤怒議題的看法》（暫譯，*The End of Anger: A New Generation's Take on*

Race and Rage），作者：艾利斯・考斯（Ellis Cose）

• 《局外人姐妹：散文和演講》（暫譯 *Sister Outsider: Essays and Speeches*），作者：奧德雷・洛德（Audre Lorde）

第四章：過勞

價值觀清單（來源：詹姆斯・克利爾）

• 成就	• 貢獻	• 影響力
• 冒險	• 創意	• 內在和諧
• 真實	• 好奇心	• 正義
• 權威	• 決心	• 善良
• 自主	• 公平	• 知識
• 平衡	• 信念	• 領導力
• 美麗	• 名聲	• 學習
• 大膽	• 友情	• 愛
• 挑戰	• 樂趣	• 忠誠
• 公民權	• 成長	• 有意義的工作
• 社群歸屬	• 幸福	• 心胸開闊
• 同理心	• 誠實	• 樂觀
• （工作）能力	• 幽默	• 和平

- 愉悅
- 沉著鎮靜
- 受歡迎
- 受人認可
- 信仰
- 聲望

- 尊敬
- 責任
- 安全感
- 自尊
- 服務
- 靈性

- 穩定性
- 身分地位
- 成功
- 受人信賴
- 財富
- 智慧

第五章：完美主義

羞恥和罪惡感相關資源

- 《我以為只有我這樣（並不是）：從「別人會怎麼想」走到「我已經夠好了」的心路歷程》（暫譯，*I Thought It Was Just Me (but It Isn't): Making the Journey from "What Will People Think?" to "I Am Enough"*），作者：布芮尼·布朗

- 《不完美的禮物：放下「應該」的你，擁抱真實的自己》，作者：布芮尼·布朗

- 《心靈的傷，身體會記住》，作者：貝塞爾·范德寇（Bessel van der Kolk）

- 「罪惡感與羞恥兩者間的差別在哪？」（What's the Difference Between Guilt and Shame?）TED Talk，講者：茱恩·坦奈（June Tangney）

第六章：絕望

自殺防治相關資源

- 國家自殺防治熱線：800–273–8255（全年無休，支援英語與西語）
- 「To Write Love on Her Arms」網站：twloha.com/find–help
- 「The Trevor Project」網站：thetrevorproject.org
- 《我有好多話想和你說：寫信妹妹的信》（暫譯，*So Much I Want to Tell You: Letters to My Little Sister*），作者：安娜・阿卡那（Anna Akana）
- 《感受太多怎麼辦：關於獲得、失去與渴望的一些想法》（暫譯，*If You Feel Too Much: Thoughts on Things Found and Lost and Hoped For*），作者：傑米・特沃科斯基（Jamie Tworkowski）
- 《男孩遇見憂鬱：還是生命爛透了，只好活得行屍走肉》（暫譯，*Boy Meets Depression: Or Life Sucks and Then You Die Live*），作者：凱文・布里（Kevin Breel）
- 《一定可以撐過這晚》（暫譯，*You Will Get Through This Night*），作者：丹妮爾・豪威爾（Daniel Howell）

絕望相關資源

- 《當生命陷落時：與逆境共處的智慧》，作者：佩瑪・丘卓（Pema Chödrön）
- 「On Being」（播客）：「憂鬱的靈魂」（The Soul in Depression）
- 《正午惡魔：憂鬱症的全面圖像》，作者：安德魯・所羅門（Andrew Solomon）
- 《不要綁架自己》，作者：雪倫・薩爾茲堡（Sharon Salzberg）
- 《正念療癒力：八周找回平靜、自信與智慧的自己》，作者：喬・卡巴金（Jon Kabat-Zinn）

悲慟相關資源

- 《悲傷韌性：如何在面對重大失落後重新找回力量並擁抱生命》（暫譯，*Resilient Grieving: Finding Strength and Embracing Life after a Loss That Changes Everything*），作者：露西・霍恩（Lucy Hone）
- 《擁抱B選項：面對人生無法避免的失去與傷痛，我們仍可以鍛鍊韌性、重新發現幸福》，作者：雪柔・桑德伯格（Sheryl Sandberg）與亞當・格蘭特（Adam Grant）
- （殘餘的美麗：最大的恐懼如何成為最棒的禮物（暫譯，*The Beauty of What Remains: How Our Greatest*

Fear Becomes Our Greatest Gift），作者：史蒂芬‧萊德（Steve Leder）

- 《意義的追尋：轉化哀慟的最終關鍵》，作者：大衛‧凱思樂（David Kessler）

慢性疼痛相關資源

- 《回憶錄：給患有難解疾病的女性專用手冊》（暫譯，*The Lady's Handbook for Her Mysterious Illness: A Memoir*），作者：莎拉‧拉梅（Sarah Ramey）
- 《看不見的痛苦：深受健康問題所苦的年輕女性如何在工作、感情和壓力中看似無恙》（暫譯，*Invisible: How Young Women with Serious Health Issues Navigate Work, Relationships, and the Pressure to Seem Just Fine*），作者：米凱萊‧蘭特‧赫希（Michele Lent Hirsch）
- 《希望，戰勝病痛的故事》，作者：傑若‧古柏曼（Jerome Groopman）
- 《看不見的殘疾：二十一世紀的第一手故事》（暫譯，*Disability Visibility: First-Person Stories from the Twenty-First Century*），作者：艾莉絲‧王（Alice Wong）
- 《解開傷痛的 20 個超凡智慧：你以為的谷底才是人生真正的開始》，作者：史蒂芬‧萊德（Steve Leder）

注釋

前言

1. 「因為有不好感受而感受不好會讓人感到超級不好受。」：Valerie Strauss, "Feeling Bad about Feeling Bad Can Make You Feel Really, Really Bad. New Research Really Says This," The Washington Post, August 10, 2017, www.washingtonpost.com/news/answer-sheet/wp/2017/08/10/feeling-bad-about-feeling-bad-can-make-you-feel-really-really-bad-new-research-really-says-this.

2. 主要資助者為極度保守派：Ruth Whippman, America the Anxious (New York: St. Martin's Press, 2016),201.

3. 正向心理學是給有錢白人看的東西：James Coyne, "Positive Psychology Is Mainly for Rich White People," Coyne of the Realm, August 23, 2013, www.coyneoftherealm.com/2013/08/21/positive-psycholo-gy-is-mainly-for-rich-white-people.

4. 精神病態者和死人：Erin Petrun, "Happy Week: Positive Psychology," CBS News, September 14, 2009, www.cbsnews.com/news/hap-py-week-positive-psychology

第一章：不確定性

1. 極端程度前所未見：Adam Tooze, quoted in Neil Irwin, "It's the End of the World Economy as We Know It," The New York Times, April 16, 2020, www.nytimes.com/2020/04/16/upshot/world-economy-re-structuring- coronavirus.html.

2. 「凌晨三點還在失眠嗎？我們也是。」：Guy Trebay, videos by Isak Tiner, "Awake at 3 A.M.? We Are Too," The New York Times, October 30, 2020, www.nytimes.com/2020/10/30/style/insomnia-why-am-i-wak-ing-up-at-3-am.html.

3. 很開心有人願意和他們聊聊憤怒的情緒：Annie Lowrey, "Millennials Don't Stand a Chance," The Atlantic, April 13, 2020, www.theatlantic.com/ideas/archive/2020/04/millennials-are-new-lost-generation/609832.

4. 認定未來只會每況愈下：Robert M. Sapolsky, Why Zebras Don't Get Ulcers (New York: W. H. Freeman, 1994).

5. 「不確定感」一詞的意涵與深藏其中的情緒：Julie Beck, "How Uncertainty Fuels Anxiety," The Atlantic, March 18, 2015, www.theatlantic.com/health/archive/2015/03/how-uncertainty-fuels-anxiety/388066.

6. 「史無前例」一詞進行搜尋的頻率也大幅攀升：Google Trends search: unprecedented, https://trends.google.com/trends/explore?date=to-day%205-y&q=unprecedented.

7. 比不上熟悉多個領域的通才：Alexandra Ossola, "Why Are Humans So Bad at Predicting the Future?," Quartz, November 20, 2019, https://qz.com/1752106/why-are-humans-so-bad-at-predicting-the-future.

8. 未知就是生命旅程的一環：Pema Chödrön, Comfortable with Uncertain-ty: 108 Teachings on Cultivating Fearlessness and Compassion (Boul-der, CO: Shambhala, 2018), 5.

9. 對另一組則說機率是百分之一：Yuval Rottenstreich and Christopher K. Hsee, "Money, Kisses, and Electric Shocks: On the Affective Psychol-

ogy of Risk," Psychological Science 12, no. 3 (2001): 185–90, https://doi.org/10.1111/1467-9280.00334.

10. 大腦中處理情緒的區域就會突然變得異常活躍：Manisha Aggarwal-Schifellite and Juan Siliezar, "3 Takes on Dealing with Uncertainty," Harvard Gazette, July 10, 2020, https://news.harvard.edu/gazette/story/2020/07/3-takes-on-dealing-with-uncertainty.

11. 也不想面對前途未卜的情況：Marc Lewis, "Why We're Hardwired to Hate Uncertainty," The Guardian, April 8, 2016, www.theguardian.com/commentisfree/2016/apr/04/uncertainty-stressful-research-neuroscience.

12. 他們擔憂程度高出三倍：Archy O. de Berker, Robb B. Rutledge, Christoph Mathys, Louise Marshall, Gemma F. Cross, Raymond J. Dolan, and Sven Bestmann, "Computations of Uncertainty Mediate Acute Stress Responses in Humans," Nature Communications 7, no. 10996 (2016), https://doi.org/10.1038/ncomms10996.

13. 把正向思考或正向態度推崇為一切問題和阻礙的解方：Barbara Ehrenreich, "Smile! You've Got Cancer," The Guardian, January 2, 2010, www.theguardian.com/lifeandstyle/2010/jan/02/cancer-positive-thinking-barbara-ehrenreich.

14. 因工作變動而感到難以負荷的比例增加了一倍："Gartner Cautions HR Leaders That the Risk of Change Fatigue among Employees Has Doubled in 2020," Gartner.com, October 14, 2020, www.gartner.com/en/newsroom/press-releases/2020-10-14-gartner-cautions-hr-leaders-that-the-risk-of-change-fatigue-among-employees-has-doubled-in-2020-this-year.

15. 同年近百分之七十五的員工表示至少有一次的過勞經驗："Overcoming Disruption in a Distributed World," Asana.com, n.d., https://asana.com/resources/anatomy-of-work.

16. 有近三百萬名女性退出勞動力市場：Megan Cerullo, "Nearly 3 Million U.S. Women Have Dropped Out of the Labor Force in the Past Year," CBS

News, February 5, 2021, www.cbsnews.com/news/covid-crisis-3-mil-lion-women-labor-force.

17. 某種程度上可以說是社會體制背叛了我們：Pooja Lakshmin, "How Society Has Turned Its Back on Mothers," The New York Times, February 4, 2021, www.nytimes.com/2021/02/04/parenting/working-mom-burn-out-coronavirus.html.

18. 精通未知是門藝術：Rebecca Solnit, quoted in Maria Popova, "A Field Guide to Getting Lost: Rebecca Solnit on How We Find Ourselves," Brain Pickings, August 4, 2014, www.brainpickings.org/2014/08/04/field-guide-to-getting-lost-rebecca-solnit.

19. 卻皆能提供穩固的支持力量：Sapolsky, Why Zebras Don't Get Ulcers, 416.

20. 如果你對不確定性毫無戒心：Kate Sweeny, quoted in Atlantic Marketing Team, "How Planning for Tomorrow Can Ease Uncertainty Today," Atlantic Re:think/Equitable, n.d., www.theatlantic.com/sponsored/equitable-2020/planning-for-tomorrow/3523.

21. 搞不清楚自己存在的意義：Sarah Wilson, First, We Make the Beast Beautiful: A New Journey through Anxiety (Sydney, NSW: Pan Macmil-lan, 2019), 58.

22. 引發生理反應的強烈情緒通常只會持續九十秒：Jill Bolte Taylor, My Stroke of Insight: A Brain Scientist's Personal Journey (New York: Plume, 2016), 153.

23. 光是進行儀式這個動作就能讓人感覺好些：Francesca Gino and Michael I. Norton, "Why Rituals Work," Scientific American, May 14, 2013, www.scientificamerican.com/article/why-rituals-work.

24. 化妝是「放慢腳步、關注自己」的好方法：Marielle Segarra, "What Is Makeup for during a Pandemic?," Marketplace, Minnesota Public Radio, February 10, 2021, www.marketplace.org/2021/02/10/why-wear-makeup-during-pandemic.

25. 我不想刮腿毛：Ijeoma Oluo, quoted in Leah Chernikoff, "Why It's

Totally Fine to Wear Makeup during a Pandemic," Time, April 7, 2020, https://time.com/5816846/coronavirus-makeup.

26. 小心不要鑽牛角尖：Sharon Salzberg, Faith: Trusting Your Own Deepest Experience (London: Element, 2003).

27. 必須更加注意眼前所有枝微末節的小事：Interview with the authors, March 26, 2021.

28. 好像就不再這麼害怕了：Interview with the authors, April 6, 2021.

29. 寫下任何答案都好：Interview with the authors, September 30, 2020.

30. 思考的過程和經驗才是價值所在：Interview with the authors, September 14, 2020.

31. 對我們感受到壓力和焦慮的方式帶來深遠影響："HeadspaceUnwind Your Mind," featuring Andy Puddicombe, Evelyn Lewis Prieto, and Ginger Daniels, 2021, on Netflix, www.netflix.com/title/81328829.

32. 有效運用自身現有的任何技能：Emmy E. Werner, "Resilience in Develop-ment," Current Directions in Psychological Science 4, no. 3 (June 1, 1995): 81–84, https://doi.org/10.1111/1467-8721.ep10772327.

33. 相信自己的所做所為是有影響力的：Maria Konnikova, "How People Learn to Become Resilient," The New Yorker, February 11, 2016, www.newyorker.com/science/maria-konnikova/the-secret-formula-for-resilience.

34. 有能力應付任何充滿壓力的新環境：Interview with the authors, September 20, 2020.

第二章：比較心

1. 近期曾透過和別人比較來評估自我價值：Nihar Chhaya, "The Upside of Career Envy," Harvard Business Review, June 16, 2020, https://hbr.org/2020/06/the-upside-of-career-envy.

2. 鄰居中樂透會讓人更容易去搶銀行：Timothy B. Lee, "Study: Lottery Winners' Neighbors Tend to Spend Themselves into Bankruptcy," Vox, February 23, 2016, www.vox.com/2016/2/23/11095102/inequality-lottery-bankruptcy-study.

3. 怒斥第一顆腦袋怎麼可以有這些負面想法：Christine Harris, quoted in Nancy Wartik, "Quarantine Envy Got You Down? You're Not Alone," The New York Times, August 10, 2020, www.nytimes.com/2020/08/10/smarter-living/quarantine-envy-pandemic.html.

4. 你朋友擁有的朋友通常比你多：Scott L. Feld, "Why Your Friends Have More Friends Than You Do," American Journal of Sociology 96, no. 6 (May 1991): 1464–77, https://doi.org/10.1086/229693.

5. 每天有一成以上的思緒仍與比較相關：Amy Summerville and Neal J. Roese, "Dare to Compare: Fact-Based versus Simulation-Based Comparison in Daily Life," Journal of Experimental Social Psychology 44, no. 3 (May 2008): 664–71, https://doi.org/10.1016/j.jesp.2007.04.002.

6. 比較是認識自己的關鍵要素：Joanne V. Wood. "What Is Social Comparison and How Should We Study It?," Personality and Social Psychology Bulletin 22, no. 5 (1996): 520–37, http://doi.org/10.1177/0146167296225009.

7. 我們認為在別人眼中的自己：Charles Cooley, Human Nature and the Social Order (New York: Schocken Books, 1964).

8. 手上只有小黃瓜的猴子就會暴跳如雷：Woodruff Health Sciences Center, Adam Galinsky and Maurice Schweitzer, Friend & Foe: When to Coop-

erate, When to Compete, and How to Succeed at Bothe (New York: Currency, 2015), 21.

9. 滿滿的都是妒忌和不足感：Interview with the authors, January 17, 2021.

10. 那不是目標，那叫做陷阱：Interview with the authors, January 22, 2021.

11. 時刻重新評估自身現況：Daniel Kahneman and Amos Tversky, "Prospect Theory: An Analysis of Decision under Risk," chapter 6 of Handbook of the Fundamentals of Financial Decision Making, edited by Leonard C. MacLean and William T. Ziemba (World Scientific, 2013), 99–127, https://doi.org/10.1142/9789814417358_0006.

12. 被困在這裡哪也去不了：Interview with the authors, January 24, 2021.

13. 漸漸能夠克服自我懷疑了：Interview with the authors, January 15, 2021.

14. 莫名地倍受安慰：Aminatou Sow, "Gentle Suggestions," Crème de la Crème, February 3, 2021, https://aminatou.substack.com/p/gentle-suggestions-1db.

15. 實在有夠不爽：Abby Govindan (@abbygov), "just found out one of the girls my boyfriend dated before me is pretty...I'm sick to my stomach," Twitter, June 23, 2021, 12:51 A.M., https://twitter.com/abbygov/status/1407924254516166665.

16. 惡性嫉妒只會讓人變成討厭鬼：Maria Konnikova, "Can Envy Be Good for You?," The New Yorker, August 10, 2015, www.newyorker.com/science/maria-konnikova/can-envy-be-good-for-you.

17. 反而將之視為希望和動力的來源：H. W. Van Den Borne, J. F. A. Pruyn, and W. J. A. Van Den Heuvel, "Effects of Contacts between Cancer Patients on Their Psychosocial Problems," Patient Education and Counseling 9, no. 1 (February 1987): 33–51.

18. 甄選委員或論文審閱人也會有日子過得特別不順的時候：Johannes Haushofer, "Johannes Haushofer CV of Failures," version accessed September 20, 2021 (n.d.), www.uni-goettingen.de/de/document/download /bed2706fd34e29822004dbe29cdoobb5.pdf/Johannes_Haushofer_CV_of_Failures[1].pdf.

19. 相信別人的生活過得精彩無比：Susan Pinker, "The Worst Form of Envy? In the Future Tense," The Wall Street Journal, June 14, 2019, www.wsj.com/articles/the-worst-form-of-envy-in-the-future-tense-11560527404.

20. 明明實際人生並非如此：The Newsroom, "Three Quarters of Us Admit to Lying on Social Media," Hemel Today, April 24, 2016, www.hemeltoday.co.uk/news/three-quarters-us-admit-lying-social-media-1246364.

21. 只看見「別人的精選特輯」：Mai-Ly Nguyen Steers, quoted in Rebecca Webber, "The Comparison Trap," Psychology Today, November 7, 2017. www.psychologytoday.com/intl/articles/201711/the-comparison-trap.

22. 就更可能會產生惡性嫉妒：Alison Wood Brooks, Karen Huang, Nicole Abi-Esber, Ryan W. Buell, Laura Huang, and Brian Hall, "Mitigating Malicious Envy: Why Successful Individuals Should Reveal Their Failures," Journal of Experimental Psychology: General 148, no. 4 (2019): 667-87, https://doi.org/10.1037/xgeoooo538.

23. 不管在過去或現在都可能正在受苦：Cheryl Strayed, Brave Enough (New York: Alfred A. Knopf, 2015), 121.

24. 在邁阿密游泳池畔啜飲雞尾酒：Carrie Kerpen, "Stop Comparing Your Behind-the-Scenes with Everyone's Highlight Reel," Forbes, July 29, 2017, www.forbes.com/sites/carriekerpen/2017/07/29/stop-comparing-your-behind-the-scenes-with-everyones-highlight-reel/?sh=72cc8edo3ao7

25. 心情不好時比較容易被嫉妒淹沒：University of Houston, "Facebook Use Linked to Depressive Symptoms," ScienceDaily, April 6, 2015. www.sciencedaily.com/releases/2015/04/150506144600.htm.

26. 和那些生來讓我難過的人交際來往：Naomi Fry, " Cazzie David's Existential Dread," The New Yorker, November 16, 2020, www.newyorker.com/magazine/2020/11/23/cazzie-davids-exisential-dread.

27. 在平台的時間多出了百分之二百二十五：James Hamblin, "The Key to

Healthy Facebook Use: No Comparing to Other Lives," The Atlantic, April 8, 2015, www.theatlantic.com/health/archive/2015/04/ways-to-use-facebook-without-feeling-depressed/389916.

28. 在內心痛苦時更感孤立無援：University of Houston, "Facebook Use Linked to Depressive Symptoms."

29. 巨大鴻溝便消弭於無形：Shai Davidai and Sebastian Deri, "The Second Pugilist's Plight: Why People Believe They Are Above Average but Are Not Especially Happy about It," Journal of Experimental Psychology: General 148, no. 3(March 2019):570–87, https://doi.org/10.1037/xgeoooo580.

30. 擴大視角即可緩解這種情緒：Maya Sarner, "The Age of Envy: How to be Happy When Everyone Else's Life Looks Perfect," The Guardian, October 9, 2018, www.theguardian.com/lifeandstyle/2018/oct/09/age-envy-be –happy-everyone-else-perfect-social-media.

31. 完全不影響你生而為人的價值：Sarner, "Age of Envy."

32. 卻看不見背後付出了多少努力：Interview with the authors, January 21, 2021.

33. 不再受惡性嫉妒所苦：Laura Morgan Roberts, Emily D. Heaphy, and Brianna Barker Caza, "To Become Your Best Self, Study Your Successes," Harvard Business Review, May 14, 2019, https://hbr.org/2019/05/to-become-your-best-self-study-your-successes.

34. 在三十歲生日前完成了健行五天的壯舉：Interview with the authors, September 20, 2020.

第三章：憤怒

1. 有人願意和他們聊聊憤怒的情緒：Charles Duhigg, "The Real Roots of American Rage," The Atlantic, January 3, 2019, www.theatlantic.com/magazine/archieve/2019/01/charles-duhigg-american-anger/576424.

2. 憤怒是痛苦的保鑣：David Kessler, quoted in Elizabeth Bernstein, "How to Move Forward after Loss," The Wall Street Journal, April 6, 2021, www.wsj.com/articles/findingmeaning-as-we-grieve-a-year-of-pandemic-loss-11617724799.

3. 過去我超討厭發怒的自己：Interview with the authors, April 2, 2021.

4. 大腦只能透過情緒來讓我們察覺到這整個迴路反應：Diana Kwon, "Explaining Rage: A Q&A with R. Douglas Fields," Scientific American, March 1, 2016, www.scientificamerican.com/article/explainingrage-a-q-a-with-r-douglas-fields.

5. 對種族不公的憤慨讓人們亟欲改變現況：Myisha Cherry, "Anger Can Build a Better World," The Atlantic, August 25, 2020, www.theatlantic.com/ideas/archive/2020/08/how-anger-can-buildbetter-world/615625.

6. 憤怒滿載著資訊和能量：Audre Lorde, "Uses of Anger," Black Past, August 12, 2012, www.blackpast.org/african-american-history/speeches-african-americanhistory/1981-audre-lorde-uses-anger-women-responding-racism.

7. 恨意便是極其強烈的憤怒：Augusten Burroughs, This Is How: Surviving What You Think You Can't (London: Picador, 2013), 15.

8. 相信男性和女性受觀察對象當下生氣的程度是一樣的：Richard A. Fabes and Carol Lynn Martin, "Gender and Age Stereotypes of Emotionality," Personality and Social Psychology Bulletin 17, no. 5 (October 1, 1991): 532-40, https://doi.org/10.1177/0146167291175008.

9. 女性基本上都比男性來的憤怒：Melissa Harris-Perry, "Women Are Angrier Than Ever Before—and They're Doing Something About It,"

Elle, March 9, 2018, www.elle.com/culture/careerpolitics/a19297903/ elle-survey-womens-anger-melissa-harris-perry. Esquire Editors, "American Rage: The Esquire/NBC News Survey," Esquire, January 3, 2016, www.esquire.com/news-politics/a40693/ameri- can-rage-nbc-survey.

10. 與憤怒有關的種族刻板印象則更加惡劣：Liz Clarke, "In Her Anger, in Defeat, Serena Williams Starts an Overdue Conversation," The Wash- ington Post, September 9, 2018, www.washingtonpost.com/sports/ tennis/in-her-anger-in-defeat-serenawilliams-starts-an-overdue- conversation/2018/09/09/9d9125ea-b468-11e894eb-3bd52dfe91 7b_story.html.

11. 「輸不起的小威廉絲」：Marc Berman, "Serena Acted Like a Sore Loser," New York Post, September 8, 2018, https://nypost.com/2018/09/08/ serena-acted-like-a-sore-loser.

12. 「對喬科維奇的過度處罰是美網公開賽的一大損失」：Marc Berman, "Novak Djokovic's Excessive Punishment Is Terrible for US Open," New York Post, September 6, 2020, https://nypost.com/2020/09/06/no- vak-djokovics-disqualification-is-terriblefor-the-us-open. Chandni G, "Why Did We Treat Novak Djokovic So Differently to Serena Wil- liams?," Upworthy, September 8, 2020, https://scoop.upworthy.com/ why-did-we-treat-novak-djokovic-so-differentlyto-serena-williams.

13. 就算兩者的行為如出一轍：Shoshana N. Jarvis and Jason A. Okonofua, "School Deferred: When Bias Affects School Leaders," Social Psycho- logical and Personality Science, October 10, 2019, https://journals. sagepub.com/doi/abs/10.1177/1948550619875150.

14. 黑人女孩遭到停學的機率是五點五倍：Soraya Chemaly, "Five Myths about Anger," The Washington Post, September 14, 2018, www.wash- ingtonpost.com/outlook/five-myths/five-myths-about-an- ger/2018/09/14/ad457dc8-b7a2-11e8-94eb-3bd52dfe917b_story. html.

15. 不希望被貼上「黑人女性愛生氣」的標籤：J. Celeste Walley-Jean, "Debunking the Myth of the 'Angry Black Woman': An Exploration of Anger in Young African American Women," Black Women, Gender + Families 3, no. 2 (Fall 2009): 68-86, www.jstor.org/stable/10.5406/blacwomegendfami.3.2.0068.

16. 大家對亞裔美國人的刻板印象則是沉著冷靜：Yuhua Wang, "Asians Are Stereotyped as 'Competent but Cold.' Here's How That Increases Backlash from the Coronavirus Pandemic," The Washington Post, May 18, 2020, www.washingtonpost.com/politics/2020/04/06/asians-are-stereotyped-competent-cold-heres-how-that-increases-backlash-coronavirus-pandemic.

17. 主流美國文化不太能夠想像憤怒亞裔美國人的形象：Nan Ma, "Suspended Subjects: The Politics of Anger in Asian American Literature" (PhD diss., University of California, Riverside, 2009), https://escholarship.org/uc/item/7kx173md.

18. 為了影響到亞洲社群的議題大動肝火：Ah Joo Shin, " 'Angry Asian Man' Blogger Talks Stereotypes," Yale Daily News, March 21, 2011, https://yaledailynews.com/blog/2011/03/21/angry-asian-man- blogger-talks-stereotypes.

19. 你想打爆誰就把那個人的照片放進去：Brad J. Bushman, "Does Venting Anger Feed or Extinguish the Flame? Catharsis, Rumination, Distraction, Anger, and Aggressive Responding," Personality and Social Psychology Bulletin 28, no. 6 (2002): 724-31, https://doi.org/10.1177/0146167202289002.

20. 付錢去參加「抓狂教室」：Chemaly, "Five Myths about Anger."

21. 「破壞療法」反而會導致怒氣更加高漲：Jason Kornwitz, "Why 'Rage Rooms' Won't Solve Your Anger Issues," News @ Northeastern, Northeastern University, August 16, 2017, https://news.northeastern.edu/2017/08/16/why-rage-rooms-wont-solve-your-anger-issues.

22. 「什麼也不做更能有效」消除怒氣：Bushman, "Does Venting Anger Feed

or Extinguish the Flame?"

23. 帶著怒意揮拳會使心臟病發的風險提高八倍：Jeanne Whalen, "Angry Outbursts Really Do Hurt Your Health, Doctors Find," The Wall Street Journal, March 23, 2015, www.wsj.com/articles/angry-outbursts- really-do-hurt-your-health-doctors-find-1427150596.

24. 一直用不同方式抱怨同樣的老問題：Margot Bastin, Patricia Bijttebier, Filip Raes, and Michael W. Vasey, "Brooding and Reflecting in an Interpersonal Context," Personality and Individual Differences 63 (June 2014): 100–105, www.sciencedirect.com/science/article/abs/pii/S0191886914000890.

25. 把時間用在學習或提升自己反而會開心許多：Interview with the authors, September 20, 2020.

26. 「女性民眾對卡瓦諾的聽證會感到憤慨不平、痛心疾首」：Kelly Conaboy, "Women React to Kavanaugh Hearing with Rage and Pain," The Cut, September 27, 2018, www.thecut.com/2018/09/women-react-to- kavanaugh-hearing-on-twitter-sexual-assault.html. Opheli Garcia Lawler, "The Collective Wail of Women," The Cut, October 6, 2018, www.thecut.com/2018/10/women-react-to-brett-kavanaughs-supreme-court-confirmation.html.

27. 慢性壓力會實質改變大腦中的憤怒迴路：R. Douglas Fields, Why We Snap: Understanding the Rage Circuit in Your Brain (New York: Dutton, 2016), 341.

28. 長期壓力與恐懼會耗盡情緒資源：Diana Kwon, "Scientific American MIND Reviews Why We Snap," Scientific American, March 1, 2016, www.scientificamerican.com/article/scientific- american-mind-reviews-why-we-snap.

29. 引發自尊低下、焦慮、憂鬱、自殘和實際生理疾病等問題：Soraya Chemaly, Rage Becomes Her: The Power of Women's Anger (New York: Atria Books, 2018).

30. 現在會及時覺察自己的狀態：Interview with the authors, June 1, 2021.

31. 大腦會將生理反應轉換為情緒：Elizabeth Bernstein, "The Art of the Pandemic Meltdown," The Wall Street Journal, October 6, 2020, www.wsj.com/articles/the-art-of-the-meltdown11602015018.

32. 不用為了我趕時間：Tim Heaton, "Heaton: 35 Southern Expressions for Anger," Hotty Toddy News, December 10, 2015, www.hottytoddy.com/2015/12/10/heaton-35-southernexpressions-for-anger.

33. 哭泣經常生氣的徵兆：Anne Kreamer, It's Always Personal: Navigating Emotion in the New Workplace (New York: Random House, 2012).

34. 憂鬱反而常以憤怒的形式顯現：National Institute of Mental Health, "Men and Depression," January 2017, www.nimh.nih.gov/health/publications/men-and-depression.

35. 憤怒讓我找回自己：Chemaly, Rage Becomes Her, 260.

36. 成長的環境從來不准我們發脾氣或抱怨：Interview with the authors, July 6, 2021.

37. 「他今天過得很糟」：Emily Shapiro, "Georgia Sheriff's Department under Fire after Official Says Spa Shootings Suspect Had "Really Bad Day,' " ABC News, March 19, 2021, https://abcnews.go.com/US/georgia-sheriffs-department-fire-official-spashootings-suspect/story?id=76533598.

38. 表達情緒不是任性妄為或有失體面的行為：Jennifer Li, "Dear Asian American Girls, Let Yourselves Be Angry," Hello Giggles, March 19, 2021, https://hellogiggles.com/lifestyle/asian-americangirls-anger.

39. 說的時機點是什麼：Peter Bregman, "Outsmart Your Next Angry Outburst," Harvard Business Review, May 6, 2016, https://hbr.org/2016/05/outsmart-your-next-angryoutburst.

40. 開始尋覓良師益友：Interview with the authors, September 20, 2020.

41. 可以開誠布公地表達自身感受的人比較健康：Chris Gilbert, "7 Creative Ways to Express Hot Anger," Heal the Mind to Heal the Body (blog), Psychology Today, May 19, 2018, www.psychologytoday.com/us/blog/heal-the-mind-heal-the-body/201805/7creative-ways-express-hot-

anger.

42. 用來形容結合了失望與惱怒的情緒：JR Thorpe, "18 Words for Sadness That Don't Exist in English," Bustle, June 29, 2015 (updated February 24, 2020), www.bustle.com/p/18-words-forsadness-depression-that-dont-exist-in-english-7260841.

43. 上課內容充滿說服力十足的憤怒力量："Harnessing the Power of 'The Angry Black Woman,'" All Things Considered, NPR, February 24, 2019, www.npr.org/2019/02/24/689925868/harnessing-thepower-of-the-angry-black-woman.

44. 不是為了表達個人的需求或界限：Lina Perl, quoted in Rebecca Dolgin, "Rage On: A Use Case for Anger," Psycom, August 17, 2020, www.psycom.net/rage-anger.

45. 將這股滔天怒火導向她最擅長的事：Chemaly, "Five Myths about Anger."

46. 憤怒其實可以提升自信：Cherry, "Anger Can Build a Better World."

47. 生氣就代表相信自己能夠戰勝任何境遇：Anna Chui, "How Can You Transform Your Hulk Anger into Something Good?," Lifehack, February 27, 2018, www.lifehack.org/659502/how-can-youtransform-your-hulk-anger-into-something-good.

48. 憤怒引發的強烈情緒和腎上腺素可以轉換成力量：Kwon, "Scientific American MIND Reviews Why We Snap."

49. 對陳腔爛調感到厭煩：Jen-Shou Yang and Ha Viet Hung, "Emotions as Constraining and Facilitating Factors for Creativity: Companionate Love and Anger," Creativity and Innovation Management 24, no. 2 (June 2015): 217-30, https://doi.org/10.1111/caim.12089.

50. 才有可能帶來更好的改變：Adam Grant, "Frustrated at Work? That Might Just Lead to Your Next Breakthrough," The New York Times, March 8, 2019, www.nytimes.com/2019/03/08/smarter-living/frus-trated-at-work-that-mightjust-lead-to-your-next-breakthrough.html.

第四章：過勞

1. 沒事做才讓人焦慮：Grillo, "Jill Soloway Is a 'Weird Girl," " Lenny, March 30, 2018, www.lennyletter.com/story/jill-soloway-is-a-weird-girl.

2. 正式將過勞列為可診斷的症狀：Karlyn Borysenko, "Burnout Is Now an Officially Diagnosable Condition: Here's What You Need to Know about It," Forbes, May 29, 2019, www.forbes.com/sites/karlynborysenko/2019/05/29/burnout-is-now-anofficially-diagnosable-condition-heres-what-you-need-to-know-about-it.

3. 曾經有至少一次的過勞感受："Academy of Work Index 2021: Overcoming Disruption in a Distributed World," Asana, 2021, https://resources.asana.com/rs/784-XZD582/images/PDF-FY21-Global-EN-Anatomy%20of%20Work%20Report.pdf.

4. 必須應付的事情多到難以應付：American College Health Association, "ACHA National College Health Assessment Spring 2019 Report," 2019, www.acha.org/documents/ncha/NCHAII_SPRING_2019_US_REFERENCE_GROUP_DATA_REPORT.pdf.

5. 表層演出也是主因之一：Da-Yee Jeung, Changsoo Kim, and Sei-Jin Chang, "Emotional Labor and Burnout: A Review of the Literature," Yonsei Medical Journal 59, no. 2 (March 1, 2018): 187–93, https://doi.org/10.3349/ymj.2018.59.2.187.

6. 女性和有色人種比較容易有過勞情緒：Nancy Beauregard, Alain Marchand, Jaunathan Bilodeau, Pierre Durand, Andrée Demers, and Victor Y. Haines III, "Gendered Pathways to Burnout: Results from the SALVEO Study," Annals of Work Exposures and Health 62, no. 4 (May 2018): 426–37, https://doi.org/10.1093/annweh/wxx114. Garret D. Evans, N. Elizabeth Bryant, Julie Sarno Owens, and Kelly Koukos, "Ethnic Differences in Burnout, Coping, and Intervention Acceptability among Childcare Professionals," Child and Youth Care Forum 33 (October 2004):

349–71, https://doi.org/10.1023/b:ccar.0000043040.54270.dd. Liselotte N. Dyrbye, Matthew R. Thomas, Mashele M. Huschka, Karen L. Lawson, Paul J. Novotny, Jeff A. Sloan, and Tait D. Shanafelt, "A Multicenter Study of Burnout, Depression, and Quality of Life in Minority and Nonminority US Medical Students," Mayo Clinic Proceedings 81, no. 11 (November 2006): 1435–42, www.mayoclinicproceedings. org/article/S0025–6196(11)61249–4/fulltext.

7. 過勞是黑人女性被反覆灌輸的生活方式：Kelly Pierre-Louise, quoted in Brianna Holt, "Beyond Burnout," The Cut, August 13, 2020, www. thecut.com/article/black-women-on-burnout.html.

8. 晚上死都不肯早睡：Moya Sarner, "How Burnout Became a Sinister and Insidious Epidemic," The Guardian, February 21, 2018, www.theguardian.com/society/2018/feb/21/howburnout-became-a-sinister-and-insidious-epidemic.

9. 過了很久我才反應過來當初壓力有多大：Dax Shepard, "Day 7," Armchair Expert with Dax Shepard (podcast), September 21, 2020, https://armchairexpertpod.com/pods/day-7.

10. 千百件蓄意而為的微小背叛加總起來的產物：Richard Gunderman, "For the Young Doctor about to Burn Out," The Atlantic, February 21, 2014, www.theatlantic.com/health/archive/2014/02/for-the- young-doctor-about-to-burn-out/284005.

11. 每天平均會查看電子信箱七十四次：WTOP staff, "Study Finds People Check Email an Average of 74 Times Daily," WTOP News, June 18, 2014, https://wtop.com/news/2014/06/study-finds- people-check-email-an-average-of-74-times-daily.

12. 人類靠它才得以應對緊急狀況：Tara Haelle, "Your 'Surge Capacity' Is Depleted-It's Why You Feel Awful," Elemental, Medium, August 17, 2020, https://elemental.medium.com/your- surge-capacity-is-depleted-it-s-why-you-feel-awful-de285d542f4c.

13. 突湧式動能只能維持一段時間：Emily Nagoski and Amelia Nagoski,

Burnout: The Secret to Solving the Stress Cycle (London: Vermilion, 2019).

14. 身體就會整晚持續產生壓力荷爾蒙皮質醇：Claudia Canavan, "How to De-stress: Why You Need to Learn How to Complete the 'Stress Cycle,' " Women's Health, February 11, 2020, www.womenshealthmag.com/uk/health/mental-health/a27098268/how-to-de-stress.

15. 假設「沒有過勞」和「過勞」之間有個清楚的分野：Christina Maslach and Michael P. Leiter, "How to Measure Burnout Accurately and Ethically," Harvard Business Review, March 19, 2021, https://hbr.org/2021/03/how-to-measure-burnout-accurately-and-ethically.

16. 更覺得灰心喪志、孤獨疏離：Maslach and Leiter, "How to Measure Burnout Accurately and Ethically."

17. 才有時間休息與思考深刻問題：Mary Bray Pipher, Seeking Peace: Chronicles of the Worst Buddhist in the World (New York: Riverhead Books, 2010), 12.

18. 居然沒人認為可能只是工作太操了：Constance Grady, "The Uneasy Intimacy of Work in a Pandemic Year," Vox, March 19, 2021, www.vox.com/culture/22308547/pandemic-anniversary-laborworks-intimacy-how-to-do-nothing.

19. 就會放下手上的工作休息一下：Interview with the authors, December 13, 2020.

20. 人生有四個爐子：David Sedaris, "Laugh, Kookaburra," The New Yorker, August 17, 2009, www.newyorker.com/magazine/2009/08/24/laugh-kookaburra. See also James Clear and Nir Eyal, "The Four Burner Theory for How to Manage Your Ambitions," Next Big Idea Club, https://nextbigideaclub.com/magazine/conversation-four-burner-theorymanage-ambitions/15027.

21. 你所需知道一切的訊息都藏在身體裡面：Kaitlyn Greenidge, "The Once & Future Beyoncé," Harper's Bazaar, September 2021, www.harpersbazaar.com/culture/features/a37039502/beyonceevolution-inter-

view–2021.

22. 肢體上的親密接觸：Nagoski and Nagoski, Burnout.

23. 明確講出需求是關係的救星：Nedra Glover Tawwab, Set Boundaries, Find Peace: A Guide to Reclaiming Yourself (New York: TarcherPerigee, 2021), xviii.

24. 少了很多「未加思索的急事和活動」：Interview with the authors, July 3, 2021.

25. 大家尊重規則：Ryan Holiday, "33 Things I Stole from People Smarter Than Me," Forge, Medium, June 17, 2020, https://forge.medium.com/33-things-i-stole-from-people-smarter-than-me-on-the-way-to-33-c38e368e5cb8.

26. 一直以為九成的原因在我：Interview with the authors, September 20, 2021.

27. 有機會就要感恩世代：Connie Wang, "The 'Grateful to Be Here' Generation Has Some Apologizing to Do," Refinery 29, June 22, 2020, www.refinery29.com/en-us/2020/06/9867469/working-in-toxic-media-industry-diversity-movement.

28. 表示自己比較不悲觀了：Yu Tse Heng and Kira Schabram, "Your Burnout Is Unique. Your Recovery Will Be, Too," Harvard Business Review, April 19, 2021, https://hbr.org/2021/04/your-burnout-is-unique-your-recovery-will-be-too.

29. 別人的急事不是你的急事：Jenna Wortham (@jennydeluxe), Twitter post, March 5, 2021, https://twitter.com/jennydeluxe/status/1367957368315797507.

30. 其實根本是不痛不癢的小事：Monique Valcour, "Beating Burnout," Harvard Business Review, November 2016, https://hbr.org/2016/11/beating-burnout.

31. 認為自己付出的努力沒有價值：Dare Obasanjo (@Carnage4Life), Twitter post, March 30, 2021, https://twitter.com/Carnage4Life/status/1376943805589413888.

32. 我就多一絲平靜與放鬆：Interview with the authors, December 4, 2020.

33. 你是你自己：Toni Morrison, "The Work You Do, the Person You Are," The New Yorker, May 29, 2017, www.newyorker.com/magazine/2017/06/05/the-work-you-do-the-person-you-are.

34. 把自我價值過度構築在工作產出或特定身分定位上：Janna Koretz, "What Happens When Your Career Becomes Your Whole Identity," Harvard Business Review, December 26, 2019, https://hbr.org/2019/12/what-happens-when-your-career-becomes-yourwhole-identity.

35. 她跟先生因此大吵了一架：Brené Brown and Scott Sonenshein, "Brené with Scott Sonenshein on Stretching and Chasing," Unlocking Us with Brené Brown (podcast), September 9, 2020, https://brenebrown.com/podcast/brene-with-scott-sonenshein-onstretching-and-chasing/#-close-popup.

36. 我才不想要什麼高品質時光："It's All Quality Time," Daily Dad, June 19, 2019, https://dailydad.com/its-all-quality-time.

37. 都是在思緒沒繞著工作打轉時產生的：Jonathan Smallwood and Jonathan W. Schooler, "The Science of Mind Wandering: Empirically Navigating the Stream of Consciousness," Annual Review of Psychology 66, no. 1 (January 2015): 487–518, https://doi.org/10.1146/annurev-psych-010814-015331.

38. 都是在為工作以外的事物架設舞台：David Goss, quoted in Brad Stulberg, "Sometimes Not Working Is Work, Too," The Cut, July 10, 2017, www.thecut.com/article/sometimes-not-working-iswork-too.html.

39. 工作是設計師：Interviews with the authors, July 2, 2021.

40. 加劇已很嚴重的「會議疲勞」問題：Jeremy Bailenson, "Why Zoom Meetings Can Exhaust Us," The Wall Street Journal, April 3, 2020, www.wsj.com/articles/why-zoom-meetings-canexhaust-us-11585953336.

41. 死於心臟疾病的風險則是多出了百分之十七：Bill Chappell, "Overwork Killed More Than 745,000 People in a Year, WHO Study Finds," NPR,

May 17, 2021, www.npr.org/2021/05/17/997462169/thousands-of-people-are-dying-fromworking-long-hours-a-new-who-study-finds.

42. 健全不是一種生存狀態，而是一種行動狀態：Nagoski and Nagoski, Burnout.

43. 自然反應就是厭惡不已、拔腿就跑 Pema Chodroñ, When Things Fall Apart: Heart Advice for Difficult Times (Boulder, CO: Shambhala, 2016), 17.

第五章：完美主義

1. 完美主義對績效表現的影響：Gordon L. Flett and Paul L. Hewitt, "The Perils of Perfectionism in Sports and Exercise," Current Directions in Psychological Science 14, no. 1 (2005): 14–18, https://journals.sage-pub.com/doi/10.1111/j.0963-7214.2005.00326.x.

2. 對犯錯的恐懼讓他們無法發揮潛力：Ray Williams, "Why Perfectionism Is So Damaging and What to Do about It," n.d., https://raywilliams.ca/why-perfectionism-is-so-damaging-and-what-todo-about-it.

3. 攀升了近百分之三十三：Jane Adams, "More College Students Seem to Be Majoring in Perfectionism," The New York Times, January 18, 2018, www.nytimes.com/2018/01/18/well/family/more-college-students-seem-to-bemajoring-in-perfectionism.html.

4. 過度希望保有零缺點的形象：Thomas Curran and Andrew P. Hill, "Perfectionism Is Increasing over Time: A Meta-Analysis of Birth Cohort Differences from 1989 to 2016," Psychological Bulletin 145, no. 4 (2019): 410–29, www.apa.org/pubs/journals/releases/bulbuloooo138.pdf.

5. 網際網路與精英主導的自由市場：Thomas Curran and Andrew P. Hill, "How Perfectionism Became a Hidden Epidemic among Young People," The Conversation, January 3, 2018, https://theconversation.com/

how-perfectionism-became-a-hidden-epidemicamong-young-peo-ple-89405.

6. 由自利和競爭取而代之：Curran and Hill, "How Perfectionism Became a Hidden Epidemic."

7. 沒有人來到地球時就是個完美主義者或控制狂：Anne Lamott, Stitches: A Handbook on Meaning, Hope and Repair (New York: Riverhead Books, 2013), 34.

8. 種族歧視也跟完美主義傾向與憂鬱有所關聯：Sharon F. Lambert, W. LaVome Robinson, and Nicholas S. Ialongo, "The Role of Socially Prescribed Perfectionism in the Link between Perceived Racial Dis-crimination and African American Adolescents' Depressive Symptoms," Journal of Abnormal Child Psychology 42 (2014): 577–87, https://doi.org/10.1007/s10802-013-9814-0.

9. 必須拼命證明自己是憑本事升官：Interview with the authors, December 3, 2020.

10. 是個破了洞的油箱：Michael Brustein, quoted in Olga Khazan, "The Problem with Being Perfect," The Atlantic, November 5, 2018, www.theatlantic.com/health/archive/2018/11/how-perfection-ism-can-be-destructive/574837.

11. 只要再加把勁就能辦到了：Interview with the authors, December 13, 2020.

12. 擔心犯錯是成功的絆腳石：Interview with the authors, December 3, 2020.

13. 因自我懷疑而拖長了開刀時間或對診斷猶豫不決：Interview with the authors, December 5, 2020.

14. 因此完全不願嘗試：Williams, "Why Perfectionism Is So Damaging."

15. 非完美主義者那組堅持不懈：Amanda Ruggeri, "The Dangerous Down-sides of Perfectionism," BBC, February 21, 2018, www.bbc.com/future/article/20180219-toxic-perfectionism- is-on-the-rise.

16. 到頭來卻成了自己的施虐者：Interview with the authors, December 12,

2020.

17. 內化「表現好才值得被愛」的想法：Lavinia E. Damian, Joachim Stoeber, Oana Negru-Subtirica, and Adriana Băban,"On the Development of Perfectionism: The Longitudinal Role of Academic Achievement and Academic Efficacy," Journal of Personality 85, no. 4 (August 2017): 565–77, https://doi.org/10.1111/jopy.12261.

18. 比平時更加注意到幫助、道歉等字眼：Aurélien Graton and François Ric, "How Guilt Leads to Reparation? Exploring the Processes Underlying the Effects of Guilt," Motivation and Emotion 41 (2017): 343–52, https://doi.org/10.1007/s11031-017-9612-z.

19. 羞愧感就不會揮之不去了：Brené Brown, Daring Greatly (New York: Avery, 2015), 75.

20. 成功是來自於你的精力、才華、努力：Interview with the authors, December 3, 2020.

21. 把他們變成軟爛的沙發馬鈴薯：Jessica Pryor, quoted in Khazan, "Problem with Being Perfect."

22. 在心情和表現上也都變得更好：Christina Chwyl, Patricia Chen, and Jamil Zaki, "Beliefs about Self- Compassion: Implications for Coping and Self-Improvement," Personality and Social Psychology Bulletin 47, no. 9 (September 2021), https://doi.org/10.1177/0146167220965303.

23. 這就是所謂的神經質矛盾行為：Paul Hewitt, quoted in Christie Aschwanden, "Perfectionism Is Killing Us," Vox, December 5, 2019, www.vox.com/the-highlight/2019/11/27/20975989/perfect-mental-health-perfectionism.

24. 多數人都會選「很可以的主管」：Aaron J. Nurick, "Good Enough Can Be Great," Harvard Business Review, August 12, 2011, https://hbr.org/2011/08/good-enough-can-be-great.

25. 常常無法放下過錯、繼續前進：Interview with the authors, December 12, 2021.

26. 推著點滴架完成醫院的巡房工作：Interview with the authors, December 5,

2021.

27. 決定要依自己的心意過生活：Interview with the authors, September 20, 2020.

28. 別人也不會因此認為她能力不足：Interview with the authors, June 27, 2021.

29. 這些人或許不是伸手求援的最佳人選：Interview with the authors, December 3, 2020.

30. 複製百分之八十的專案容易多了：Interview with the authors, December 8, 2020.

31. 但什麼都不幹就誰也幫不到：Interview with the authors, December 7, 2020.

32. 原本〔一直〕很擔心的事其實根本沒那麼重要：Benedict Carey, "Unhappy? Self-Critical? Maybe You're Just a Perfectionist," The New York Times, December 4, 2007, www.nytimes.com/2007/12/04/health/04mind.html.

33. 如果可以做件事來達成目標，會是哪件事：David Robson, "The Four Keys That Could Unlock Procrastination," BBC, January 5, 2021, www.bbc.com/worklife/article/20201222-the-four-keys-that- could-un-lock-procrastination.

34. 語言對行為有極大的影響力：Ellen J. Langer and Alison I. Piper, "The Prevention of Mindlessness," Journal of Personality and Social Psychology 53, no. 2 (1987): 280–87, https://doi.org/10.1037/0022–3514.53.2.280.

35. 結果暑期結束時她還是拿到正職工作合約了：Interview with the authors, September 20, 2020.

36. 吼呦，格蕾絲又來了：Interview with the authors, August 3, 2021.

37. 提醒自己隨時注意心中的批判聲音：Melody Wilding, "Stop Being So Hard on Yourself," Harvard Business Review, May 31, 2021, https://hbr.org/2021/05/stop-being-so-hard-on-yourself.

第六章：絕望

1. 在臨床診斷中沒有一套明確定義的量表：Bruce Bower, " 'Deaths of Despair' Are Rising. It's Time to Define Despair," Science News, November 2, 2020, www.sciencenews.org/article/deaths-ofdespair-depression-mental-health-covid-19-pandemic.

2. 覺得對不起自己：William E. Copeland, Lauren Gaydosh, Sherika N. Hill, Jennifer Godwin, Kathleen Mullan Harris, E. Jane Costello, and Lilly Shanahan, "Associations of Despair with Suicidality and Substance Misuse among Young Adults," JAMA Network Open 3, no. 6 (June 23, 2020), https://jamanetwork.com/journals/jamanetworkopen/fullarticle/2767515.

3. 並非任何其他特定精神疾患的症狀：Bower," Deaths of Despair' Are Rising."

4. 所有人的絕望症狀都明顯增加了：Shayla Love, "More People Are Feeling Despair and It Might Be Killing Us," VICE, April 22, 2019, www.vice.com/en/article/kzmajw/more-people-arefeeling-despair-and-it-might-be-killing-us.

5. 降低把想法化為行動的可能性：Mayo Clinic staff, "Suicide: What to Do When Someone Is Suicidal," Mayo Clinic, January 31, 2018, www.mayoclinic.org/diseases-conditions/suicide/indepth/suicide/art-20044707.

6. 你知道自己正在經歷生命中最為恐怖的感受：Andrew Solomon, The Noonday Demon: An Atlas of Depression (New York: Scribner, 2015), 55.

7. 直接改成過一刻是一刻：Interview with the authors, September 20, 2020.

8. 情緒就像天氣一樣：Lori Gottlieb, Maybe You Should Talk to Someone: A Therapist, Her Therapist, and Our Lives Revealed (New York: Hough-

ton Mifflin Harcourt, 2019), 344.

9. 終將可以專心思索其中意義：David Kessler, quoted in Elizabeth Bernstein, "How to Move Forward after Loss," The Wall Street Journal, April 6, 2021, www.wsj.com/articles/findingmeaning–as–we–grieve–a–year–of–pandemic–loss–11617724799.

10. 學會與之和平共處：GSnow reply to u/[deleted], "My friend just died. I don't know what to do," Reddit, May 14, 2011, www.reddit.com/r/Assistance/comments/haxot/my_friend_just_died_i_dont_know_what_to_do/cluorx2.

11. 最後我終於回過神：Interview with the authors, June 1, 2021.

12. 拉長火柴和導火線之間的距離：Alan Morinis, Everyday Holiness: The Jewish Spiritual Path of Mussar (Boston: Trumpeter Books, 2007).

13. 極為痛心地決定終止妊娠：Interview with the authors, January 17, 2021.

14. 而且餵母乳實在太痛苦了：Molly Flinkman, "Polished Pain," Coffee+Crumbs, June 22, 2021, www.coffeeandcrumbs.net/blog/2021/6/22/polished–pain.

15. 因為我的故事而被賦予了人性：Summer Luk, "How I Forgave My Parents' Rejection When I Came Out as Transgender," Teen Vogue, June 16, 2017, www.teenvogue.com/story/how–i– forgave–my–parents–trans–gender.

16. 身為被邊緣化社群的一員：Dira M., "Meet Tik Tok content creator Summer Luk," The Knockturnal, July 22, 2021, https://theknockturnal.com/exclusive–meet–tik–tok–content–creator–summer–luk–interview.

17. 「湯匙理論」：Christine Miserandino, "The Spoon Theory," ButYouDon'tLookSick.com, 2003, https://butyoudontlooksick.com/articles/written–by–christine/the– spoon–theory.

18. 大多不太能夠理解你正在經歷的事：Meghan O'Rourke, "What's Wrong with Me?," The New Yorker, August 19, 2013, www.newyorker.com/magazine/2013/08/26/whats–wrong–with–me.

19. 人也是如此，會離開、也會回來：Glynnis MacNicol, No One Tells You

This: A Memoir (New York: Simon & Schuster, 2018), 94, 65.

20. 無須擔心即將來臨的死亡：Sarah Manguso, Ongoingness: The End of a Diary (London: Picador, 2018), 41.

21. 我真的擠不出絲毫力氣了：Joy Ekuta, "Please Stop Asking Me, 'How Are You Doing?'," Medium, June 2, 2020, https://medium.com/@joyekuta.

22. 或許該為自己做些什麼：Interview with the authors, March 28, 2021.

23. 距離奴隸制度廢止已經過了二年半：Ashleigh Reddy, "A Look into Our History," HellaJuneteenth.com, www.hellajuneteenth.com/june-teenth-history.

24. 將自身所有的其餘潛力完全發揮出來：Joan D. Chittister, Scarred by Struggle, Transformed by Hope (Grand Rapids, MI: William B. Eerd-mans, 2005), 63.

第七章：後悔

1. 奧運銅牌選手都比銀牌選手來得快樂：Jason G. Goldman, "Why Bronze Medalists Are Happier Than Silver Winners," Scientific American, August 9, 2012, https://blogs.scientificamerican.com/thoughtful-ani-mal/why-bronzemedalists-are-happier-than-silver-winners.

2. 決計不再浪費人生的任何一刻：Anne Lamott, Stitches: A Handbook on Meaning, Hope and Repair (New York: Riverhead Books, 2013), 87.

3. 結不結婚，你都會後悔：Søren Kierkegaard, Either/Or: A Fragment of Life, ed. Victor Eremita, trans. Alistair Hannay (London: Penguin Books, 2004; originally published 1843), 54.

4. 人們最常談論的就是後悔：Susan B. Shimanoff, "Commonly Named Emotions in Everyday Conversations," Perceptual and Motor Skills 58, no. 2 (1984): 514, https://doi.org/10.2466/pms.1984.58.2.514.

5. 懊悔之事取決於現在處於主導地位的是哪部分的你：Lila MacLellan, "A New Study on the Psychology of Persistent Regrets Can Teach You

How to Live Now," Quartz at Work, June 10, 2018, https://qz.com/work/1298110/a-new-study-on-the-psychology-of-persistentregrets-can-teach-you-how-to-live-now.

6. 感到後悔與害怕後悔會啟動大腦中的同個區域：Giorgio Coricelli, Hugo D. Critchley, Mateus Joffily, John P. O'Doherty, Angela Sirigu, and Raymond J. Dolan, "Regret and Its Avoidance: A Neuroimaging Study of Choice Behavior," Nature Neuroscience 8 (September 2005): 1255–62, https://doi.org/10.1038/nn1514.

7. 〔後悔〕將我們的目光、注意力和警戒心轉向可能比過去更好的未來：David Whyte, "Ideas for Modern Living: Regret," The Guardian, July 25, 2010, www.theguardian.com/lifeandstyle/2010/jul/25/david-whyte-ideas-modernliving-regret.

8. 大腦中與推理有關的區塊會活躍起來：Michael Craig Miller, "Go Ahead, Have Regrets," Harvard Business Review, April 6, 2009, https://hbr.org/2009/04/go-ahead-have-regrets.

9. 督促他們採取行動、彌補錯誤：Colleen Saffrey, Amy Summerville, and Neal J. Roese, "Praise for Regret: People Value Regret above Other Negative Emotions," Motivation and Emotion 32 (March 2008): 46—54, https://doi.org/10.1007/s11031-008-9082-4.

10. 「沒有載著我們的那艘幽靈船」：Sugar (Cheryl Strayed), "Dear Sugar, The Rumpus Advice Column #71: The Ghost Ship That Didn't Carry Us," The Rumpus, April 21, 2011, https://therumpus.net/2011/04/dear-sugar-the-rumpus-advice-column-71-theghost-ship-that-didnt-carry-us.

11. 或是其實我已經得到救贖了呢：Cheryl Strayed, Brave Enough (New York: Alfred A. Knopf, 2015), 22.

12. 只是選擇了在當下看似「天大的機會」：Colin Jost, A Very Punchable Face: A Memoir (New York: Crown, 2020), 304.

13. 第二常見的悔恨：Thomas Gilovich and Victoria Husted Medvec, "The Experience of Regret: What, When, and Why," Psychological Review

102, no. 2 (1995): 379–95, https://doi.org/10.1037/0033–
295x.102.2.379.

14. 不太期待住進我們買的那棟房子：Interview with the authors, August 15,
2021.

15. 已結婚十年了：Interview with the authors, December 30, 2020.

16. 在社交場合常會感到焦慮不安：Interview with the authors, September
20, 2020.

17. 酒癮是醫療問題：Mr. SponsorPants, "Mr. SponsorPants' Guide on How
to Not Regret the Past nor Wish to Shut the Door on It," Mr. Sponsor
Pants (blog), September 11, 2008, https://mrsponsorpants.typepad.
com/mr_sponsorpants/2008/09/mr_sponsorpan–3.html.

18. 匿名戒酒會康復計畫：Alcoholics Anonymous, "The Twelve Steps of
Alcoholics Anonymous," August 2016 revision, www.aa.org/assets/
en_US/smf–121_en.pdf.

19. 『或許可能』是地獄的最佳定義：Harold S. Kushner, Nine Essential
Things I've Learned about Life (New York: Anchor Books, 2016), 54.

20. 「情感放大」效應：Gilovich and Medvec, "Experience of Regret."

21. 突然死掉才令人更加心痛：Gilovich and Medvec, "Experience of Regret."

22. 想完我就改變心意了：Interview with the authors, December 31, 2020.

23. 比較容易感覺好受一點並繼續前進：Hongmei Gao, Yan Zhang, Fang
Wang, Yan Xu, Ying–Yi Hong, and Jiang Jiang, "Regret Causes
Ego–Depletion and Finding Benefits in the Regrettable Events Allevi-
ates Ego–Depletion," Journal of General Psychology 141, no. 3 (2014):
169—206, https://doi.org/10.1080/00221309.2014.884053.

24. 養兒育女讓我成為更好的人：Charles Duhigg, " 'We Don't Really Have
Language for Telling the Truth about Parenting': Cheryl Strayed Helps
a How To! Listener Decide Whether to Have a Baby," Slate, October 5,
2019, https://slate.com/human–interest/2019/10/cheryl–strayed–mak-
ing–decision–have–kids–how–to.html.

25. 後悔可以是上好的燃料：Augusten Burroughs, This Is How: Proven Aid in

Overcoming Shyness, Molestation, Fatness, Spinsterhood, Grief, Disease, Lushery, Decrepitude & More. For Young and Old Alike (New York: Picador, 2012), 171–72.

26. 辭去那份工作是我做過最好的決定：Jost, A Very Punchable Face, 305.

結論

1. 創傷後成長可以帶來以下幾種獨一無二的效果：Richard Tedeschi and Lawrence Calhoun, "The Posttraumatic Growth Inventory: Measuring the Positive Legacy of Trauma," Journal of Traumatic Stress, July 1996, https://pubmed.ncbi.nlm.nih.gov/8827649.

2. 不要以為試著安慰你的那個人活得毫不費力：Rainer Maria Rilke, Letter VIII, Letters to a Young Poet, trans. A. S. Kline, Poetry in Translation, www.poetryintranslation.com/PITBR/German/Rilke Letters.php#anchor_Toc58662123.

注釋

國家圖書館出版品預行編目資料

我還行,只是偶爾情緒太嘮叨:如何在情緒越想越不對勁時,讓自己有辦法對應.莉茲.佛斯蓮(Liz Fosslien), 莫莉.威斯特.杜菲(Mollie West Duffy)著; 史碩怡譯. -- 初版. -- 臺北市:大塊文化出版股份有限公司, 2023.06

344面 ; 14.8×20公分. -- (smile ; 196)

譯自 : Big feelings : how to be okay when things are not okay

ISBN 978-626-7317-39-6(平裝)

1.CST: 情緒管理 2.CST: 自我實現

176.52   112009034

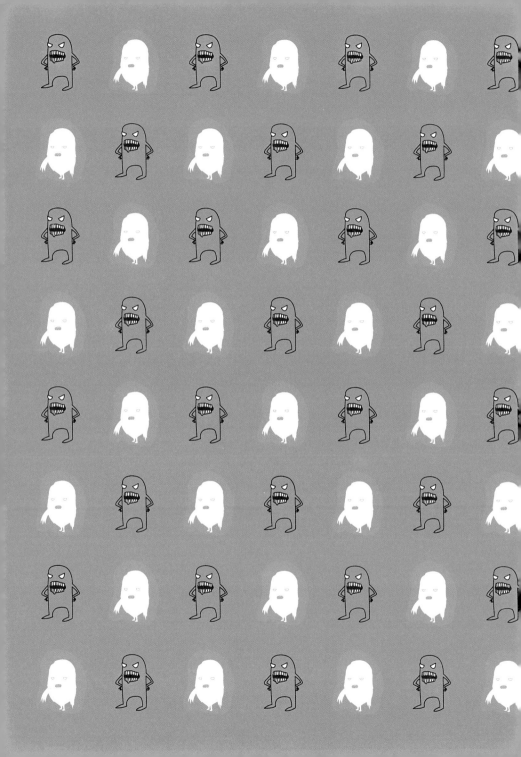

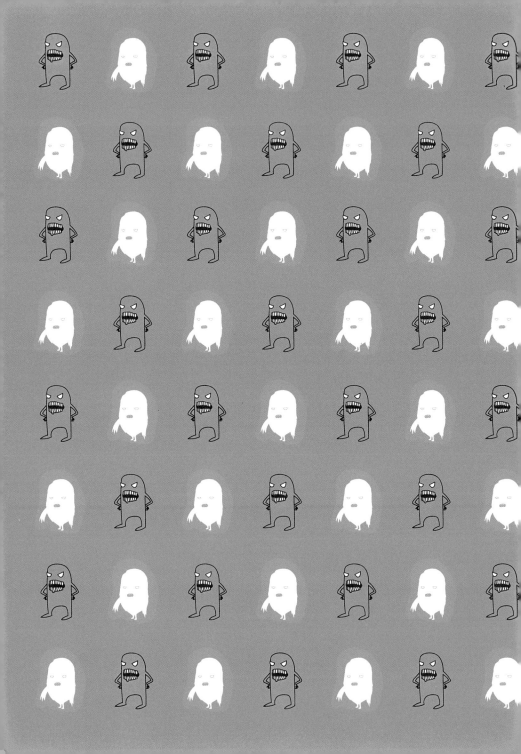